叢書 THINK OUR EARTH
14 地球発見

バンクーバーはなぜ世界一住みやすい都市なのか

香川貴志

ナカニシヤ出版

バンクーバーはなぜ世界一住みやすい都市なのか

叢書・地球発見14

［企画委員］

千田　稔
山野正彦
金田章裕

序章　バンクーバーとはどういう都市か？

仮にあなたが「カナダの都市で知っている都市を三つあげてください」と問われれば、どの都市を取り上げるだろうか。カナダ最大の都市トロント、かつての経済中心モントリオール、首都オタワ、映画「クールランニング」で有名になった冬季オリンピック開催都市カルガリーなどとともに、バンクーバーは間違いなく多くの人に選ばれるであろう。

それは二〇一〇年の冬季オリンピックのためだけであろうか。いや、それだけではない。オリンピックの有無にかかわらず、バンクーバーは旅慣れた人をも感動させるカナダ西海岸最大の都市である。穏やかな気候、安全性の高さ、豊かな自然、融合する文化など、枚挙にいとまがない魅力がこの都市にはギッシリ詰まっている。そして、現地を訪ねた日本人の多くがほぼ例外なくこう呟くのだ。

「あんなに綺麗で素敵な街で暮らしてみたい。花と緑に溢れていて、食べるものも美味しくて安い。人びとは温かく親切な人が多いし……」

最近でこそ、アメリカ合衆国のマーサー・ヒューマンリソース・コンサルティング社の世界生活環境調査ランク付けで、僅差の世界第四位に甘んじているものの、歴史と文化に彩られた、ウィーン、ジュネーブ、チューリッヒなどヨーロッパ都市と互角の首位争いを続け、北アメリカにおいては断トツの一位（二〇〇九年データによる北アメリカではトロントが二番目の一五位）を誇っているのである。そればかりか新世紀に入る前後では、数年間にわたって世界第一位の座を守り続け、世界に名を知らしめる都市となった。

こうした調査によるランキングは、快適で安全な生活を送るための様々な指標を盛り込んで公表されるため、いわば生活環境に関する総合評価が下されているといっても過言ではない。反面、全ての指標の個別得点が公表されているわけではないため、何が相対的に優れていて何が劣っているのかの詳細は不明である。しかし、本書の目的は、こうした個別指標を学術的に分析検討することではない。マーサー社の調査や冬季オリンピックで知名度を上げたバンクーバーに対する評価の高さはどこから来るのか。その謎を現地で一年近く暮らし、その後も幾度となく現地を訪問している著者が、自ら集めた資料やフィールドノート、見聞し経験した事柄などをベースにして解いてみたい。取り上げる対象は、定番の観光スポットについても住む人の視点から記述し、観光客がほとんど行かない現地の生活と密着した場所や施設も積極的に盛り込んだ。そこにこそ生活環境に対する高い評価の秘密が隠されているからである。

バンクーバーは成田空港から直行便で八時間半、本格的な欧米都市の中では最も距離的・時間的に近い都市の一つである。それゆえ、日本の自動車メーカーの新車プロモーションビデオでも何度かロケ地に使用されている。その背景を探ると、日本車が陸揚げされる距離的な近さに加えて、夏季にはロケに適した暑くない晴天が続くということ、バンクーバーにはフィルムコミッション（映画のロケを後方や側面から支援する制度や団体）があるということも大きく関連している。実際、制作費の高騰が映画製作の足かせになりつつあるハリウッドから逃れるように、製作過程のかなりの部分がバンクーバーに移っているという噂も聞く。北アメリカの都市はクローズアップすれば意外と相互判別が難しいが、バンクーバーの市街地を歩く時にバスの色やデザインをよく覚えておけば、「あっ、これはバンクーバーで撮られた映画だ！」と瞬時に気付くこともできる。そう、バンクーバーは、今やハリウッド・ノースと呼ばれているのである。

しかし、発展著しいバンクーバーは、日本人にとっては良い思い出ばかりが詰まった都市ではない。時は第二次世界大戦下、連合軍の敵国となった日本人・日系人がこの地で多く生活していた。戦争の激化とともに、彼らは太平洋岸から百マイル以上の内陸に設けられた強制収容施設に送致され、住み慣れたバンクーバーには終戦後まで戻ることを許されなかった。彼らが戦前に集住していたダウンタウン北東部の一画は、今やバンクーバーで最大の拡張勢力である中国・香港系の人びとが増え、かつての面影は歳月の経過とともに薄くなっている。

日本人町で暮らした人びとは、バンクーバーを「晩香波」あるいは「晩香坡」と記した。「夜に香る波」は、いかにも港湾都市に相応しく叙情的な字面であるし、「坡」には「坂」や「傾いた」という意味があるので、これも「夜に香る坂」と解釈すれば、意外に起伏が多いダウンタウン北西側のウェストエンド地区を想起させる。読みだけでなく意味も込められているのは中国語にも頻繁にみられる外来語の漢字表記であるが、中国・香港系の人びとはバンクーバーを中国語で「温哥華」と記す。さしずめ「温かく華やぎを歌う」となろうか。しかも「哥」には、単に歌うのではなく「声美しく歌う」との意味がある。日本語表記とともに中国語表記も負けず劣らず美しい。

洗練された都会が雄大な自然と共存する街・バンクーバー。たとえ二〇一〇年冬季オリンピックが終わっても、この都市の魅力は絶対に色褪せない。閉会式の頃に膨らみ始める桃や早咲き桜の蕾は、何年も前から、そして今後もバンクーバーの春を彩る市民の財産である。そして、それは晴天が続く快適な夏を呼ぶ風物詩でもある。

1　バンクーバーへのいざない

　カナダとアメリカ合衆国との間を走る直線状の数理的国境は北緯四九度線である。その国境線近くの高緯度側に位置するバンクーバーは、夏涼しく冬も厳寒ではない気候に恵まれ、カナダ国内では憧れの都市として、そして今や世界中の人びとを惹き付けてやまない。

　本章では、快適な気候をデータで裏付けるとどう表現されるのか、現地ではどのような季節の移ろいがあるのか、バンクーバーがどのような道をたどって今に至ったのか、都市型イベントの度にインフラを無駄なく整え、美しく魅力を増すバンクーバーの秘密はどこにあるのか、そしてカナダ国内や外国との結びつきはどうなのか、さらに多文化社会にみられる面白さはどういうものなのか、これらについて分かりやすく、そして楽しく述べてみたい。

1　素晴らしい気候

●幻想のホワイトクリスマス

私がバンクーバーで約一年を暮らすことになった一九九五年の初夏の頃から、幾人もの人びととの別れがあった。永遠の別れではないものの、短期間の旅行に出掛ける折には感じないような感傷に浸ることも珍しくなかった。私の仕事は大学で地理学を教えたり研究したりすることなので、さすがに同業者は現地の気候をおおむね知っていたが、同業者ではない人たちの多くとの間で、決まって次のような会話が交わされた。

「バンクーバーって、どこですか？」

「カナダの西海岸にある都市です。関空からも直行便がありますよ」（図1、関空直行便のエアカナダは二〇〇八年一〇月から運休したが、二〇一五年五月から季節限定で再開予定）

「カナダですか。随分と寒いのでしょうね。でもホワイトクリスマスが楽しめるでしょう？本当に羨ましいです」

こういう会話をしていて、私が仮に次のように答えたなら、相手はどう感じるだろうか。

「バンクーバーは少し地中海性気候っぽい西岸海洋性気候のＣｆｂです。なので、夏は涼しく

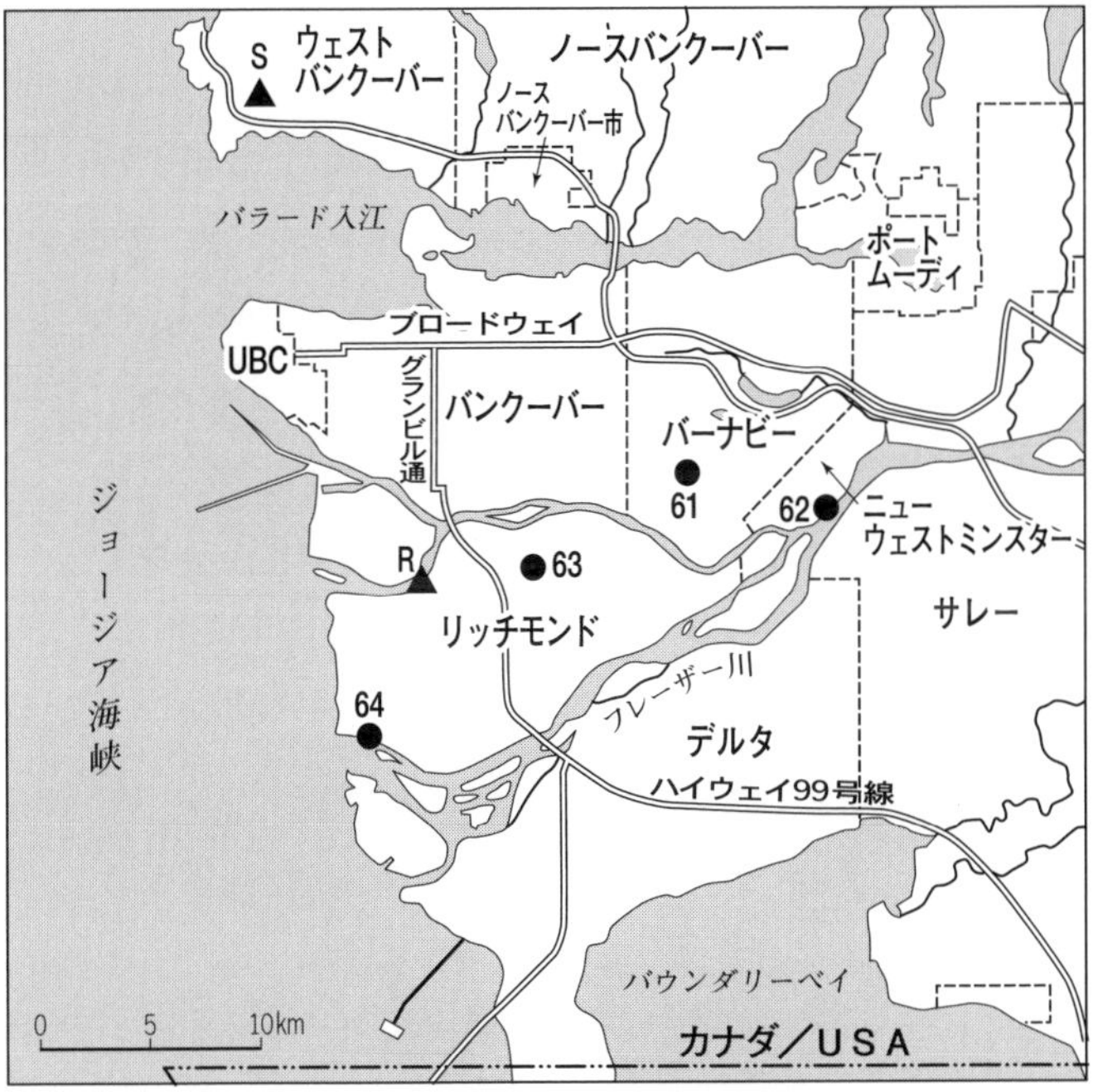

図1　バンクーバーとその周辺地域
●10の位は章、１の位は節を示す。▲2010年冬季オリンピック施設。

乾燥していて、冬は厳しく冷え込まないものの、降水が多いのが実際です」

限りなく野暮な答えで、講義が下手な教員から地理学の講義を聴いているような気になるだろう。だから、地理学を教えている私は、あえて次のように答えることにしていた。

「冬は意外と寒くないと聞きますが雪は降るでしょう。ホワイトクリスマスは僕も楽しみにしています。夏が涼しいのは、暑さに弱い僕には嬉しくて大歓迎で

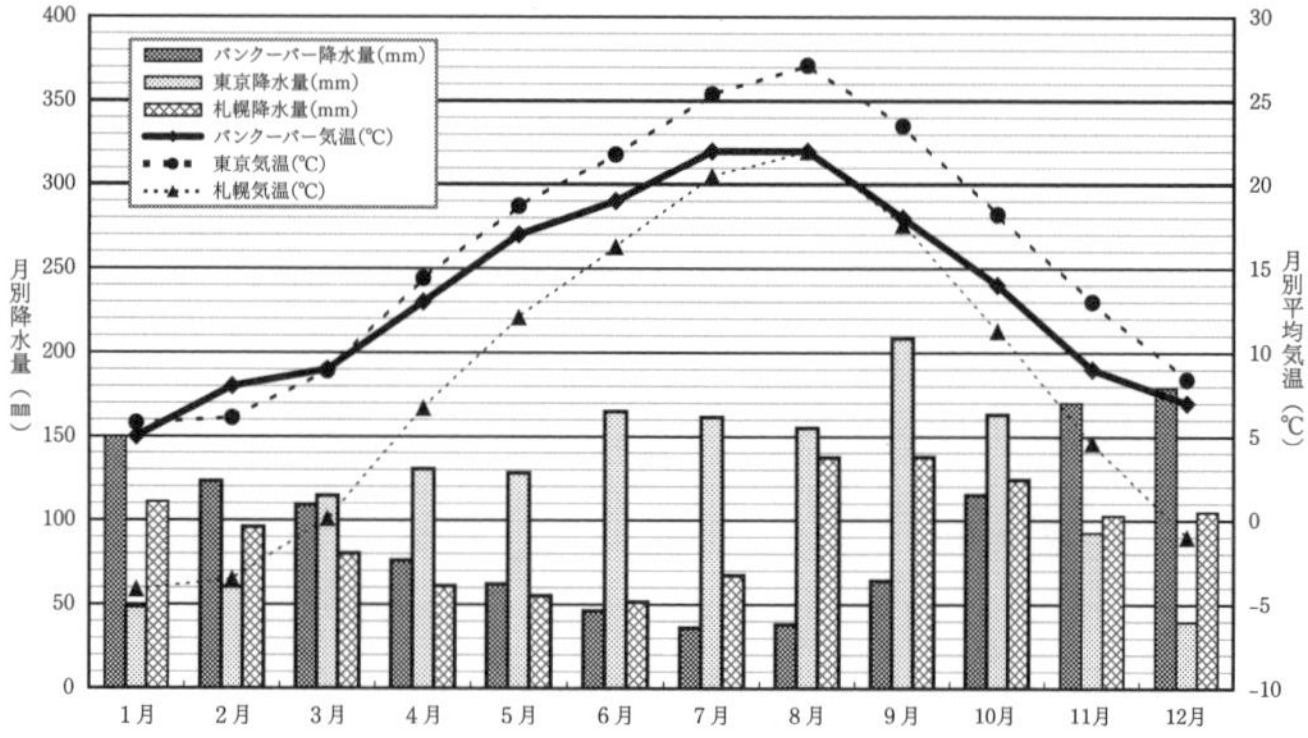

図2　バンクーバー、東京、札幌の雨温図（理科年表などにより作成）

すよ」

そこで、バンクーバー、東京、札幌の雨温図をみてみよう（**図2**）。端的にいえば「夏は札幌のように爽やかで、冬は東京より少し寒い程度」ということになる。夏季は連日の晴天が多く、木陰は驚くほど涼しい。対して、冬季は日本の梅雨のように陰鬱である。ただ、ハロウィーン、ホリデーシーズン（クリスマス前後の休暇期間）を過ぎれば新しい年で気分が改まり、二月は意外にも東京より月平均気温が高く、三月下旬には桜が満開になるのが通例である（**写真1**）。このシーズンは航空券やホテル代も総じて安く、一足早い春の到来を異国で楽しむのに適している。

●百聞は一見にしかず

先のような答えをしていて、私は実際ひそかにホワイトクリスマスを期待していた。気候データからして冬季に雪は降るはずだ。それにバンクーバーはアメリカ合衆国との国境線である北緯四九度よりも北に位置している。北緯四九度といえば北海道の稚内よりもはるかに北で、実にサハリン（樺太）のほぼ中央部に相当する。だから、単純に「クリスマス＝雪で真っ白」というイメージが膨らんだ。当時の私はバンクーバーどころか、日本から一切出たことのない地理学者で、まさに気候データは「百聞」であったのだ。

写真１　満開の桜とトロリーバス（2003年３月、スカイトレインのバラード駅付近）＊以下、本書の写真は全て筆者撮影。

最初に緊張の面持ちで降り立ったバンクーバー国際空港は、まだ現在の美しい姿ではなかった。温か味は感じられたものの、全体的に照明が暗い印象で、地方空港のような素朴な表情をしていた。在外研究であったため一時就労（テンポラリー・ワーキング）のビザを持っていた私は、混雑する入国管理カウンターから妻とともに特別ゲートに案内され、「ようこそバンクーバーへ。ＵＢＣ（ブリティッシュコロンビア大学）ですか？　どうか良いご滞在を」という歓迎の言葉でカナダに入国した。カナダの入管は今でもフレンドリーな印象だが、当時はアメリカ合衆国での二〇〇一年九月の同時多発テロの前だったので、信じられないほどガードが甘かったのだ。私は、出迎えに来てくださった方の自動車に乗るべく駐車場に向かい、バンクーバーの外気の洗礼を受けた。初めて経験する異国の外気は驚くほど冷たかった。残暑の日本との違いに「百聞」を「一見」が凌駕した瞬間であった。私が「これならホワイトクリスマス、いただき！」と意気込んだのはいうまでもない。

現地での生活にも少しずつ慣れ始めた一〇月上〜中旬ころ、雨天が多い毎日になり「これがそのうちに雪になるんだろうなぁ」と私は思った。しかし、雨は一向に本格的な雪にはならず、遂にクリスマスには積雪が全く無いという状況に至ったのである。現地の人たちに尋ねると「別に珍しいことじゃないですよ。新しい年になると積もることもあると思います」という答えが返ってきた。こうして「百聞は一見にしかず」を実感した。「地理学者、見てきたようなことを言い」という川柳があるが、私はつくづく「体験しておいて良かった」と思ったものだ。

2　バンクーバー略史

前節で述べたようにバンクーバーの気候は大変に穏やかなので、白人が入植する以前から先住民（カナダではインディアンとは呼ばずにファーストネーションズと呼ぶ）がこの地で狩猟や漁労で生計を立てていた。いくつもの部族が暮らし、彼らの言語による地名が街中のいたるところに残っている。第5章で触れるキツラノ Kitsilano やジェリコ Jericho などのビーチの名もその例である。荒天の夜中に現地で風にあおられる針葉樹が発する音を聴いていると、自然と共生していた彼らの感覚に同調できるような気になる。

先住民だけの長い生活ののち、やがて西欧社会の洗礼が訪れる。一七七〇年代になるとスペインの探検隊が数度、有名な英国のクック船長がこの地への航路の開拓のために海上から海岸線を目指した。ただ彼らはバンクーバーからみてジョージア海峡（**図1**）の沖合いにあるバンクーバー島を本土と勘違いしたと伝えられている。バンクーバーは太平洋に直接面していると誤解されがちであるが、実は細長いバンクーバー島が外洋の波を遮るかのように存在する。

この地が遂に海上から西欧社会の人びとによって発見されたのは、一七九〇年代のことである。スペインが一七九一年、英国が一七九二年にバラード入江（**図1・図3**）に達した。その英国海軍艦船の艦長が、都市名の起源にもなったジョージ・バンクーバーである。英国の影響力は徐々に強くなり、やがてカナディアンロッキーを越えてやってきたCPR（カナディアン・パシフィック鉄道）も、同じく大陸東部から毛皮や材木の交易のために進出してきた The Hudson's Bay Company（ハドソン湾会社）も英国資本である。ハドソン湾会社は、現在のカナダで最もよく目

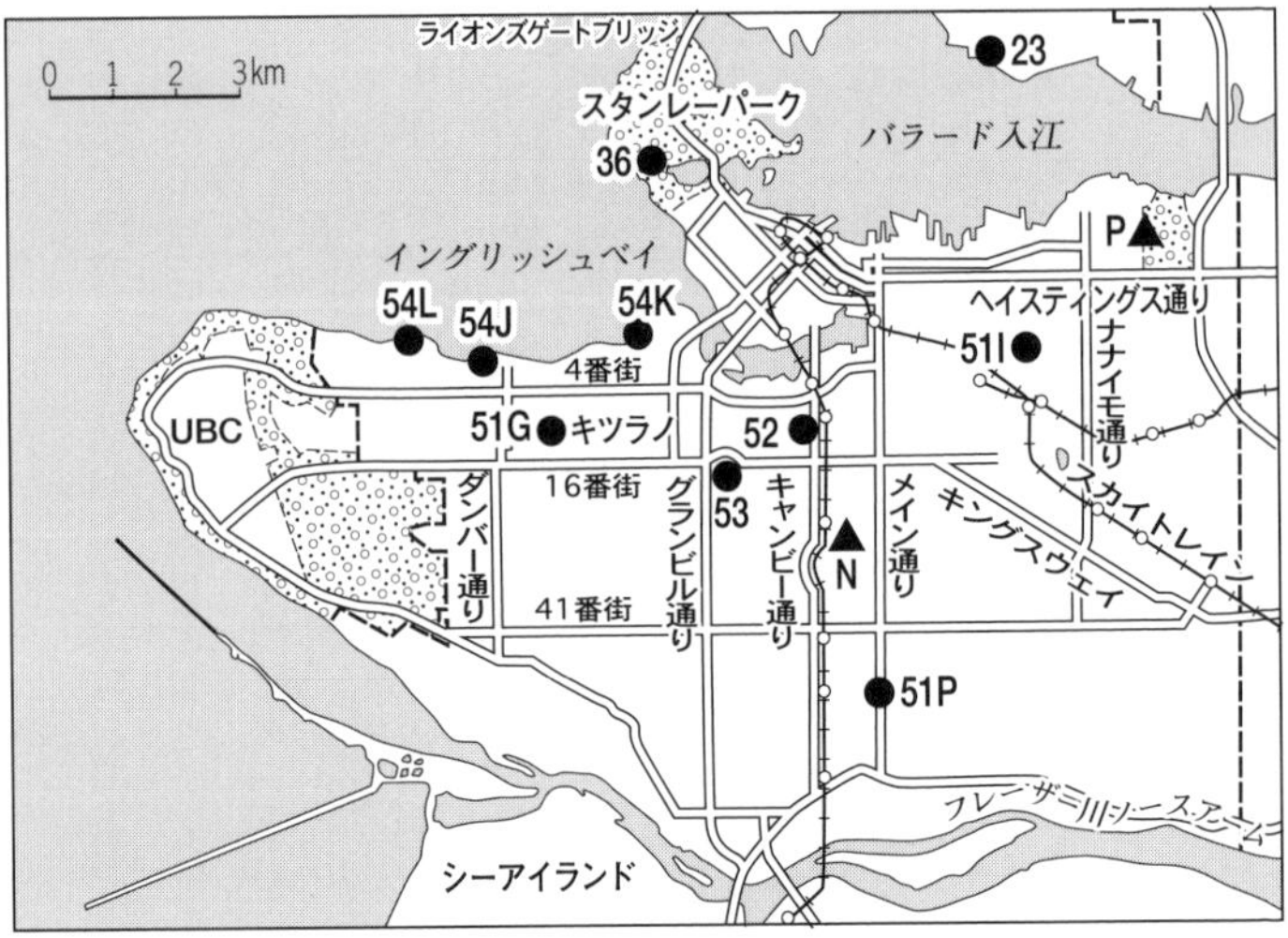

図3　バンクーバー市の概略図

にするデパート「ザ・ベイ The Bay」の系譜の起源である。

ただ、バンクーバーは当初から名乗られていた地名ではない。英国が入植地を築き、第3章で触れるギャスタウン（図4中の32）が地域の中心となり、グランビル Granville と名乗るようになった。現在、グランビルの名は街路名や後述するグランビルアイランドなどに歴史を刻んでいる。その名がバンクーバーに変更されて行政的に市となったのが一八八六年のことである。実は一八八六年から数えて百年目の一九八六年に市制百周年を記念して開催されたのが、次章で紹介する世界交通博覧会である。当初の市街地は現在のダウンタウン、フォールスクリーク、少し広がった後もイングリッシュ湾の周辺に限られ、主要産

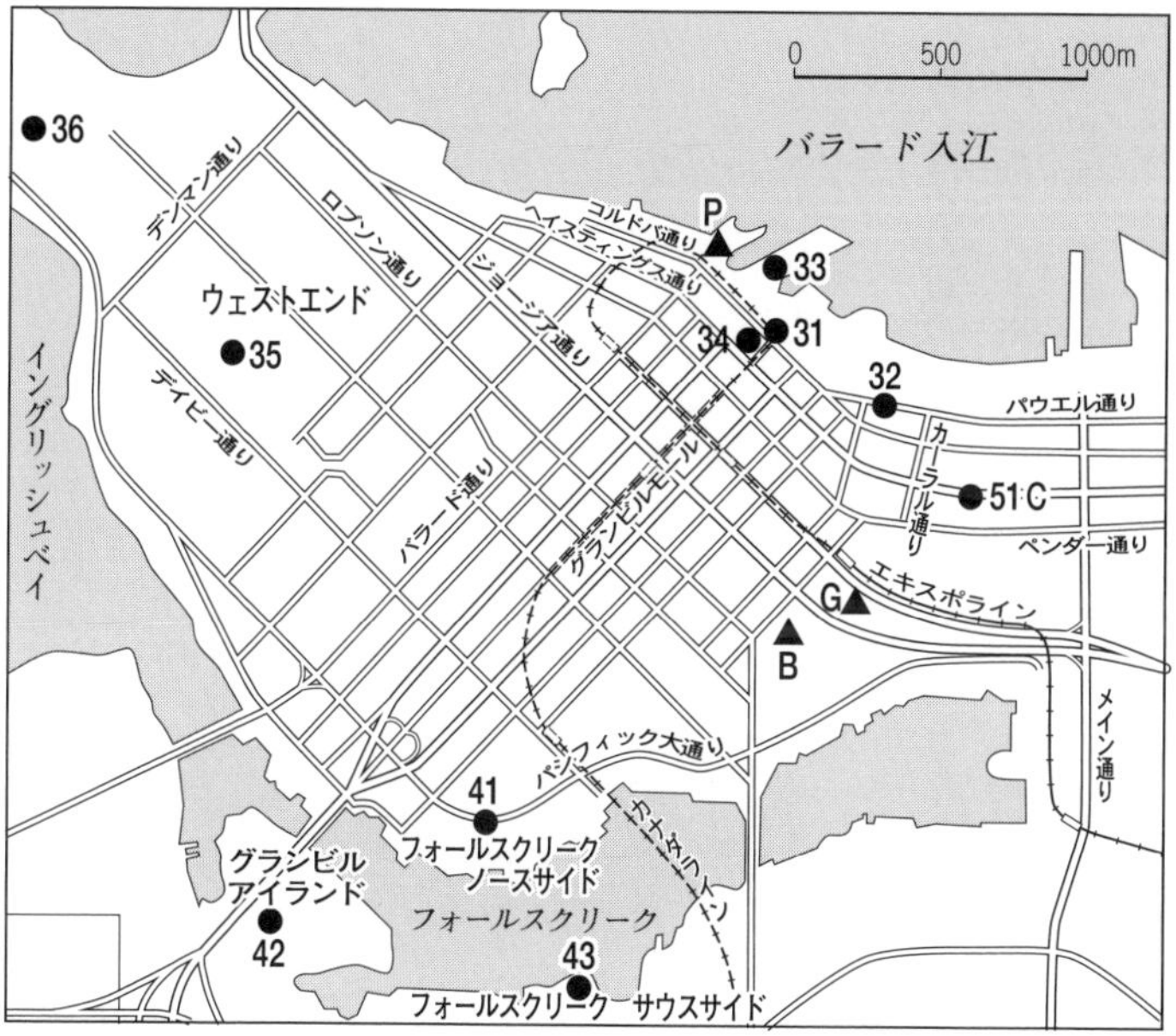

図4　バンクーバー市のダウンタウンとその周辺

業は製材業であった。

バンクーバーは太平洋に近いため、鉄道建設、やがては都市住民のためのサービス業などに従事するアジア系民族が流入した。日本人入植者も居たが、中国人はそれ以上に多く、今日の中国人社会を形成する基盤となった。しかし、彼らが地方選挙に限って投票権を得たのは第二次世界大戦後の一九四九年であった。先に述べた交通博覧会が開催された頃からバンクーバーは世界の注目を浴び始めた。製材所や流通産業が占拠していたフォールスクリーク周辺は第4章で述べるように大変貌し、カナダ太平洋岸の「都市」は「美しい都市」へと見事に脱皮した。

「美しい都市」となったバンクーバーには、一九九七年の香港の中国返還を前にして、香港から大量の中国系住民が同じ英連邦を目指して流入した。前節で触れた空港の入管ゲートも、こうした入国者で混雑していたのであろう。香港返還を前にして「自由が極度に制限される」と危惧していた人びとも、やがて一国二制度（中国語では一国両制）の徹底が図られると、経済界の一部の人びとは香港に本拠を戻したらしい。現地の知人に聞くと一ヶ月にバンクーバーと香港を数往復するというスーパービジネスマンも珍しくなく、彼らの行動は中国のイメージである竹に由来してバンブー・パワーと呼ばれているとのことである。こうした中国社会との緊密な関係は、本章4で紹介する定期旅客航空便にも如実に反映されている。

3　都市型イベントで成長するインフラと魅力

長い歴史に裏打ちされたヨーロッパ都市とは異なり、西洋社会としての歴史が浅い北アメリカでは、都市を発展させる起爆剤として都市型イベントが重視される。何度もオリンピックを開催していながら多くの都市が名乗りを上げるアメリカ合衆国の姿を見ていれば、都市型イベントを切望する彼らの熱意がよく伝わってくる。バンクーバーが世界交通博覧会を成功させ、現代都市として飛躍したことは既に前節で触れたが、二〇一〇年の冬季オリンピックも都市経営の観点からすれば、発展のための起爆剤に他ならない。

ただ、交通博覧会がそうであったように、バンクーバーは都市型イベントで建設される施設を市民生活の質的向上に用途転換するのが上手い。過去に建設され老朽化したもの、再開発が望まれるものを巧みに活用する手腕にも長けており、無理をせず無駄を出さないことに腐心する。こうした企画力は当然のように開催都市の招致レースに際しても、ロビー活動や会議時のプレゼンテーションで十二分に発揮される。連邦政府が英仏両語を公用語にしていることも国際舞台では有利に働くが、実は英仏両語を公用語に認めているのは連邦政府と東部ニューブランズウィック州だけで、ケベック州の公用語はフランス語のみ、他の州や準州の公用語は英語だけである。

二〇一〇年の冬季オリンピック招致の際、本章1で述べた二月の月間平均気温が意外に高いことを懸念する声が外部にあったらしいと現地の人に聞いたことがある。ただ、その当人は次のような話も付け加えた。

「もちろんオリンピックは完璧にできますよ。こんなに素晴らしい冬季大会の開催地は、世界広しといえどもバンクーバーをおいて他にありません。ゲームでエキサイトして、街でもエキサイトできる。冬季どころか夏季大会でさえ、世界屈指の好適地だと思いますね。いつかバンクーバーは世界初の夏冬オリンピックの開催都市になるでしょう」

写真２　BCプレイススタジアム（2014年６月）

そこで、折角の機会なので、冬季オリンピックがいかに無駄なく企画されたものであるのかを概観してみよう。オリンピック前ならもちろん相応に楽しめるだろうが、それ以上にオリンピック後の関連施設がどうなるのかが見所である。

まず、スキーやボブスレーなどの雪上競技の会場は、バンクーバーから北に一二〇キロあまりのウィスラー（**図１**の北西端から約一〇〇キロ）にある。ここは以前からダイナミックなスキー場として知られており、オリンピックを契機として、そのリゾートとしての基盤を一層高めることになる。特に「シー・トゥー・スカイハイウェイ」と呼ばれるウィスラーに至る道は、アップダウンとカーブが多く自動車事故が多発したため「シー・トゥー・ヘブンハイウェイ（海から天国への道）」と揶揄されたこともあったが、二〇一〇年を前に大改修されて運転しやすくなった。道中はカナダらしい風景が展開するので、時間の関係でロッキーまで行けない人にはお勧めである。ただ、片道二時間は計算しておいた方が良い。

ウィスラーまで行くのが面倒な人でも、バンクーバーの近辺には、冬季にスキーが楽しめる山々がバラード入江の北岸に点在している。そのうちの一つサイプレスマウンテン（**図1**中の▲S）は、スノーボードやフリースタイルスキーの競技開催地となったが、これとて森林を新たに大規模伐採して造成したような施設ではない。スキーをしない者、あるいはスキーに関連して生計を立てていない者にとって、スキー場の開発は自然破壊の極みである。そのことを十分に理解して必要最小限の追加工事にとどめたことは、ロハス（LOHAS：Lifestyle of Health and Sustainability）の先進地域としての誇りであったに違いない。

写真3　ロジャーズ・アリーナ（旧 GM プレイス）（2009年6月）

既存施設の活用は、開会式・閉会式・メダル授与式の会場に指定されたBCプレイススタジアム（**図4**中の▲B、**写真2**）、アイスホッケーのメイン会場になったロジャーズ・アリーナ（**図4**中の▲G、**写真3**・**写真4**、オリンピック

写真 4　NHL バンクーバー・カナックスのオフィシャルショップ（2009年 6 月）

写真 5　パシフィック・コロシアム（2009年 6 月）

期間中はカナダホッケープレイスと呼ばれた）でもみられる。前者はカナディアンフットボールリーグのＢＣライオンズの本拠地であるが、老朽化した施設の改修でしのぎ、後者は地元で人気絶大のＮＨＬ北米アイスホッケーリーグ「バンクーバー・カナックス」の本拠地を借り上げて対応した。

老朽化施設の改修は、フィギュアスケートとショートトラックの会場であるパシフィック・コロシアム（**図3**中の▲P、**写真5**）、カーリング会場のヒルクレスト・ナットベイリースタジアム・パーク（**図3**中の▲N、**写真6**）も同様である。後者は改築に近いが、カナダではカーリング人気

写真６　ヒルクレスト・ナットベイリースタジアム・パーク（2009年６月）

写真７　リッチモンド・オーバル（2009年６月）

が高く専用施設も点在しているので、無駄な投資になることは決してないだろう。

冬季オリンピックで唯一の完全な新設施設であるリッチモンド・オーバル（図1中の▲R、写真7）は、大会終了後に地元リッチモンド市のコミュニティ&スポーツセンターになることを前提に建設されており、松喰い虫の被害を受けた材木を強化加工して建材に活用するパイロット事業も兼ねている。従来は廃棄されていた素材を無駄にしない試みは、大会開会前から専門家の見学が多く、ロハス先進地バンクーバーの名を更に高めている。

4　コスモポリタンシティ、バンクーバー

●定期旅客航空便にみる世界の中でのバンクーバー

前節で述べたリッチモンドにはバンクーバー国際空港（YVR）があり、カナダ西海岸のハブ空港として機能している（写真8・写真9）。特定都市と国内諸地域や海外との結びつきを理解する時、その都市を代表する空港の定期旅客航空便を調べると便利である。だが我われは、海外の空港がどの国や地域とリンクしているのかについて、ほとんど知らないのではなかろうか。

そこで、航空ファンにはお馴染みの「フライチーム」というウェブサイトを活用し、二〇一四年九月下旬の一週間について定期旅客航空便（直行便のみ）の就航先を調べてみた（表1）。第五

刷までの集計表を刷新して一週間の数値を掲出したので、この表では曜日限定の就航先も網羅されている。九月下旬の一週間を取り上げたのは、特別な観光シーズンではなく、北米の新学期も一段落した時期として、ごく平均的な運航状況を掌握できると考えたからである。

写真 8　バンクーバー国際空港（YVR）の外観（2009年 6 月）

写真 9　植物園の温室のような YVR 出発ロビー（2008年 8 月）

表1　バンクーバー国際空港（YVR）から各地への1週あたり定期旅客航空便

就航地	便数	主な就航都市
BC州内	860	ビクトリア174、ケロウナ79、テラス67、ナナイモ61、プリンスジョージ59など
アルバータ州	359	カルガリー190、エドモントン97など
国内他州	334	トロント167、モントリオール48、ウィニペグ41など
USA	504	シアトル111、サンフランシスコ92、ロサンゼルス81など
アジア	118	中国65（香港21、北京18、上海14など） 日本21（東京21＝成田14＋羽田7） 韓国14（仁川14） 台湾11（台北11） フィリピン7（マニラ7）
ヨーロッパ	60	イギリス28（ロンドン26、マンチェスター2） ドイツ19（フランクフルト12、ミュンヘン7） オランダ8（アムステルダム8） アイスランド2（レイキャビク2） スイス2（チューリッヒ2） フランス1（パリ1）
その他	22	メキシコ10（メキシコシティ6、サンホセデルカボ2など） キューバ1（バラデロ1） オーストラリア7（シドニー7） ニュージーランド4（オークランド4）

＊http://www.flyteam.jp/airport/vancouver-international-airport/airline_route による（2014年9月23日閲覧）

＊表内の数値は、2014年9月21日（日）〜2014年9月27日（土）のもの。

データを整理した表1をみると、就航先で最も多いカテゴリーがBC（ブリティッシュコロンビア）州内である。BC州は面積がなんと日本の約二・四倍あるが、二〇一四年のBC州公式HPによると人口は約四五〇万人に過ぎない（横浜市・藤沢市・鎌倉市・茅ヶ崎市の合計とほぼ同じ）ので、広大な地域への交通サービスとして航空交通が不可欠である。就航先として州都ビクトリア、ワイン醸造で知られるオカナガン地方のケロウナなどがあげられる。就航地には小都市が多いため、カナダ有数の輸送機器企業として世界的に著名なボンバルディア社のプロペラ機が多用されている。なお、ボンバルディア社は洗練された鉄道車両のデザインと製造でも有名である。

就航先のカテゴリーでBC州内に次ぐのがアメリカ合衆国の都市群である。主な就航都市は、**表1**に示したように西海岸の大都市が多い。これらの都市はバンクーバーとの経済交流が盛んであることに加え、アメリカ資本のユナイティッド航空がサンフランシスコやロサンゼルスをハブ空港の一つとしていることも関連している。遠方の就航都市でもアメリカ資本の航空会社のハブ空港が目立つ。たとえば、シカゴ（週30便、以下も数字は同様）、ダラス（14）、ニューヨーク（JFKとニューアークで14）、ミネアポリス（14）などである。つまり、北米トータルで航空交通網が整備されていること、カナダ資本とアメリカ資本の航空会社が旅客獲得でしのぎを削っていることが分かる。もっとも使用機材についてみると、各社とも近距離路線ではボンバルディア社のプロペラ機やCRJ（カナディアンリージョナルジェット）機、中西部・東海岸・南部への路線でも中央通路のナローボディ機であるボーイング737やエアバス319・320・321が大半である。使用機材から眺めれば、北米内ではヨーロッパ域内と同じような運航戦略が採られている。

三番目に多いカテゴリーが、カナディアンロッキーがBC州との境界をなすアルバータ州で、週に約三六〇便のサービスがある。州南部の拠点カルガリーと州都エドモントンで全数の約八割を占める。海外からの観光客は、カナディアンロッキーまでバンクーバーからカルガリー経由で空路移動するケースが多いため、ビジネス需要だけでなく観光需要も相応にあると思われる。

四番目に多いカテゴリーが、国内他州（準州を含む）の総計である。その三大就航都市は**表1**に示したとおりだが、トロントが他州全体の半数を占めていて、ほとんどシャトル便とみなせるような状態にある。いうまでもなくトロントはカナダ最大の大都市圏を形成しており、その中心性の高さを垣間みることができる。トロントの東の地域は、カナダ第二の大都市圏であるモントリオール、首都オタワなど、ごく一部の都市を除いて、トロントで乗り継ぐのが一般的であることも分かる。トロント空港（トロント・ピアソン国際空港）は、国内線に関しても日本における羽田空港と同様の役割を果たしているといえよう。

就航先としてのアジアがヨーロッパを凌いでいることは、バンクーバーの性格を雄弁に物語っている。中でも香港を含めた中国とは結びつきが強く、本章2節で述べた中華パワーを実感する。日本との結びつきを詳しくみると、二〇〇八年一〇月にエアカナダが関西空港便を運休するなど一時的に弱体化がみられたが、全日空が二〇一四年三月に羽田空港からバンクーバーまでの直行便を就航させた。この便は成田とバンクーバーを結ぶエアカナダや日本航空のフライトとは異なる時間帯（羽田発が深夜で現地着が午後、現地発が夕刻で羽田着が夜［日付変更線を越えるので翌日夜〕）に設定されたため、移動についての時間帯が増えたことを特筆できる。また、エアカナダ・ルージュが二〇一五年五月から週五便の関西空港便を季節限定で再就航させることとなった。

他方、ヨーロッパの就航先では、ＢＣ州に影響力が強いイギリスが最も多く、ロンドンではヒースローだけでなくガドウィックにも就航しており、地方都市ではマンチェスターへのフライトもある。イギリスに次ぐのはドイツで、フランクフルトとミュンヘンへの就航がみられる。就航便数でこれらの両国に次ぐのは、週八便のオランダ、週二便のスイスとアイスランド、週一便のフランスである。フランスへの便数が少ないのは、フランス語が国家の公用語の一つになっているカナダでは意外に感じられるかもしれないが、ＢＣ州（公用語は英語のみ）の特質からして直通需要が少ないと考えられる。フランスへはケベック州（公用語はフランス語のみ）のモントリオールなどから直行便が多数設定されているので、カナダ国内での乗り継ぎを厭わなければ移動に関する問題点は少ない。

その他の就航先についてみると、中南米ではメキシコとキューバへのフライトがあるだけで、その必要があればトロントやアメリカ合衆国内で乗り継ぐのが一般的である。また、日本で暮らす我われからすれば、赤道と日付変更線を一気に越えるオセアニアへのフライトがダイナミックで興味をそそられる。オーストラリア（シドニー）へはエアカナダが毎日、ニュージーランド（オークランド）へはニュージーランド航空が週四便を就航させている。シドニーへは約一五時間、オークランドまでおよそ一四時間におよぶフライトで、ともにバンクーバーを夜に発って現地着は翌々日の朝となる。時差に関わる入試問題で出題されそうな壮大な夜間フライトである。私はかつてバンクーバーからオークランドまでの便に搭乗した際、出張復命書を提出するや否や「この日はずっと眠っていて何も業務をしなかったのですか?」と問われて閉口したおぼえがある。

●多民族社会ならではの出来事

既に述べたリッチモンド市だけでなく、バンクーバー大都市圏では中国系の人びとが相当に目立つ。カナダ統計局の二〇〇六年センサス(国勢調査)によると、バンクーバー大都市圏(統計上はバンクーバーCMA=Vancouver Census Metropolitan Area)に居住する中国語を母語とする中国系人口は、およそ二五万人もおり、総人口の約一二%を占める。ここで集計した中国系人口は、幼少期に中国語を親から習得した人びとであるので、中国語が不自由な二世や三世などの多くは含まれていないし、白人などのカナダ人との間に生まれた人びとも大半が含まれていない。したがって、バンクーバーやその周辺の市街地で街行く人びとを眺めていると、アジア系がこの数値以上に目立って驚くことになる。

外見的にはアジア系であっても、その人の得意とする言語が日本語なのか、中国語なのか、はたまた韓国語であるのかは、実際に話すまで全く見当がつかない。したがって、現地に居ると初対面のアジア系の人と話す際、妙に緊張することになる。もちろん英語で話せばよいのだが、例えばこういうケースもある。

バンクーバーは海が近いこともあって海産物に恵まれており、多くのガイドブックが漏れなく記しているように寿司店がとても多い（**写真10**）。

写真10　街中で多く見かける寿司店の例（2009年6月、キツラノ地区のウェストブロードウェイ）

入店すると、威勢よく「いらっしゃいっ！」と声をかけられることもある。ところが寿司職人に話しかけると「私は実は中国人（韓国人のこともある）で、日本語が上手に話せないのです」と英語で答えられることも珍しくない。こうして日本人の客は、時として英語で店員と話しながら「何だか変だな」と思いつつ寿司を頬張ることになる。経営者が中国系である寿司店も存在すると聞く。

中華パワーは、アジア系ビジネスだけでなく、文化的にもバンクーバーを席捲しているといっても過言ではない。私が在外研究で滞在中には次のようなことがあった。それは、ダウンタウン北西側のウェストエンド（⬇90ページ）で住宅調査をしていた時のことである。私はクリップボードに地図を挟み込み、ボールペンで調査結果を書き込むフィールドワークをしていた。路上駐車をしている自動車の傍らで作業をしていると、一人の若い男性が凄い勢いで走ってきて私の横に立ち止まった。私は「何かまずいことが起ったのか」と緊張し、わずかではあったが身の危険を感じた。しかし、その男性の言葉に思わず笑い出してしまった。

「あなたは私服の交通取締り警官だろう？　この車は私のもので、すぐそこの友だちの家に届け物があって、戻ってきたところなんだ。すぐに動かすから見逃してくれ！」

「私は警官じゃありませんよ。地理学の教師で住宅の調査をしているのです」

「そうだったのか。グッドラック！」

彼に肩を叩かれて、我われは握手をして別れた。自動車は路上駐車したままだった。私は明らかにアジア系の外見であるのに、彼がなぜ警官と間違えたのか。それはアジア系、特に中国系の警官がバンクーバーでは決して珍しくないからである。いかに東京が国際都市になったとはいえ、白人や黒人に道を尋ねる人、彼らを私服警官と勘違いする人はまずいないはずだ。バンクーバーは、カナダの多文化主義政策を体現したような、風通しの良さを実感できるコスモポリタンシティである。たとえ旅行者であっても、荷解きをして軽装で街へ飛び出せば、誰でも地元っ子のように見えてしまうのだ。

2　動く、乗る、楽しむ——乗ってみたい珍しい乗り物たち——

バンクーバーには、日本では見られないような珍しい乗りものがある。乗りものの種類としてはありふれていても、運行システムや乗り降りの習慣が独特で驚かされる。我われが安い運賃で地元の人びとに混じりながら楽しめる、お手軽で面白い乗りものたちを紹介しよう。北アメリカは、個人旅行ではレンタカーが便利だが、公共交通機関を使わなければ地元の人びとと触れ合えず、地域の良さも十分に理解できない。おそらくそれはパック旅行でも同じで、自由時間に地元の交通に身を委ねるのは素晴らしい経験になるに違いない。本章で扱うのは鉄道が二種類、船が一種類だが、この他に街中ではトロリーバスも行き交っている。また、現地では自転車も多い。日本以上の自動車社会であるカナダで自転車や歩行者がいかに守られているのか、交通マナーはどうなのか。短期滞在では十分に見えてこない部分に光を当てれば、歩き方や運転の仕方も自ずと見えてくるだろう。

1　スカイトレイン

●可愛くて速いバンクーバーの足

バンクーバーの都心から少し南東のGMプレイスの近くに、スタジアム・チャイナタウンという駅がある。この駅から都心側は地下区間だが、郊外側では大半が高架路線となっていて、そこを走るスカイトレイン SkyTrain という電車からの眺めは最高である（図5）。しかも、この電車は可愛らしく、開業時からの旧型車輌（Mark I）には、機関車トーマスのキャラクターのように、一輌ずつ名前まで付いている。「Spirits of…」という具合で、「…」の部分には大抵は地名が入る。船舶でも同様の命名が多いが、英語圏では「〇〇号」という感覚なのだろう。

列車の加速は鋭く、走り始めてからのスピード感もかなりのもので、急カーブではジェットコースターのように感じることもある。減速もなかなか鋭く、総合的にみて加減速性能はかなり高いようだ。ともかく、バンクーバーを訪ねる人には、ぜひ一度は体験してほしい乗り物である。レンタカーやタクシーばかりだと、バンクーバーの魅力を存分に味わうのが難しいからだ。広い範囲を安く速く移動できるスカイトレインは、バンクーバー大都市圏の暮らしやすさに大きく貢献し、今ではこの地に暮らす人びとの多くにとって、なくてはならない乗り物に成長している。

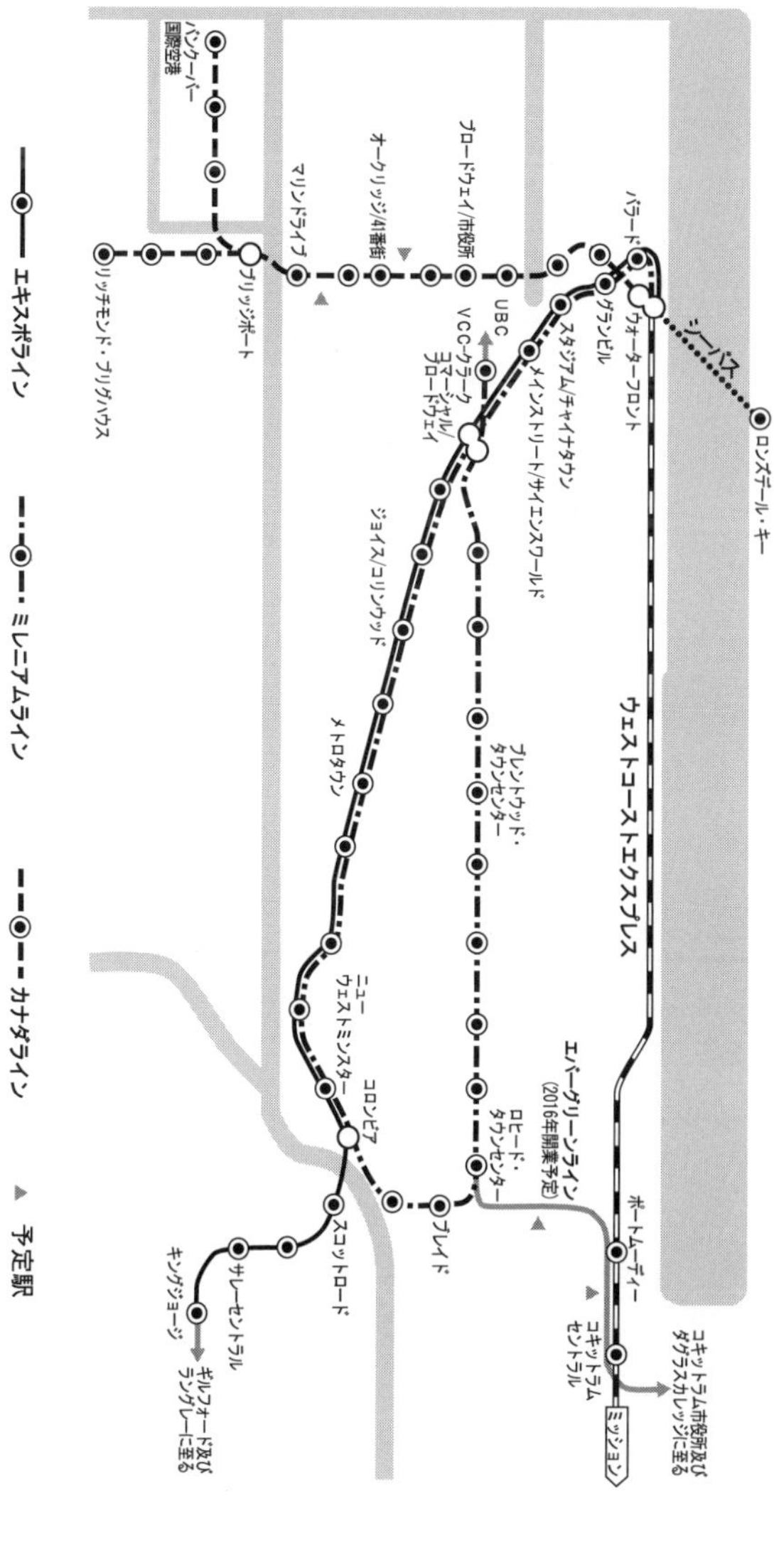

図5　スカイトレインの路線図（2015年1月17日現在）

写真11　Mark II 型車輌の車内の様子（2008年８月）

スカイトレインは、いくつかの書物やＰＣサイトで、ＬＲＴと紹介されている。しかし、本来のＬＲＴがLight Rail Transitの略称で、主にバリアフリーの路面電車を意味するのに対し、スカイトレインはLight Rapid Trainを略してＬＲＴと自称していて、あくまで速い（Rapid）電車なのだ。Light Rapid Trainと記された銘板は、サイエンスワールド・メインストリート駅の近くの橋脚に埋め込まれている。この駅で下車すれば、次章で触れる現在の大陸横断列車が発着するパシフィックセントラル駅（ユニオン駅）も至近なので、「鉄っちゃん」「鉄子」を自認する人は是非とも訪問したいところである。

車輌は、東京の「ゆりかもめ」、大阪の「ニュートラム」、神戸の「ポートライナー」より少し大きな程度（写真11）だが、スカイトレインはより鉄道らしく時速八〇キロ前後で走行する。ポイントを通過する時の音も、日本の新交通システムのそれではなく、明らかに純粋な鉄道の響きである。架線はないが、それは第三軌条というレール脇の鋼線から集電しているためである。ちょうど、東京メトロの銀座線や丸の内線、大阪地下鉄の御堂筋線や中央線、名古屋地下鉄の東山線のような方式だ。制御方式はＶＶＶＦインバータ制御という日本の最近の鉄道車輌でも多用されるシステムで、減速時には省エネ効果に優れた回生ブレーキが働くため、目を閉じていると日本に戻ったような気持ちになる。駆動にリニアモーターが採用されている（ただし通常の鉄道と同じレールがあるので鉄輪式リニアモーターと呼ばれる。カナダラインは一般的な駆動方式）のも先進的で驚かされる。それはスカイトレインの出自に関係している。スカイトレインは、バンクーバーで開催された一九八六年の国際交通博覧会に先立って一九八五年に開業し、交通博覧会では最強の展示物として活躍したのである。

その後、路線が徐々に拡張され、すっかりバンクーバー大都市圏の足として定着している。このような信頼が得られたのは、渋滞を気にすることなく定時移動が可能であることに尽きるだろう。しかし、トランスリンク Trans Link という組織が、その前身であるＢＣトランジット BC Transit の時代から、バス、シーバス（➡51ページ）やウェストコーストエクスプレス（➡44ページ）との相互連絡を徹底したことも見逃せない。つまり、一枚の乗車券で乗り継げるシステムが確立されていて、最初の乗車から一時間三〇分以内（かつては二時間以内）であれば、乗車券を一切買い直さなくてもよい。乗り換えも往復も自由である。こうして利用者は安く便利に移動できる。

スカイトレインの料金は、ゾーン制になっていて、一ゾーンの二ドル五〇セントから三ゾーンの五ドルまである。午後六時半以降や土日祝日は全区間が二ドル五〇セントの均一料金なので、休日に家族で出かけても負担が軽いように配慮されている。このあたり、休日の自家用車利用を少しは抑制する効果があると思われる。

なお、スカイトレインを運行するトランスリンクは、メトロバンクーバー（二〇〇七年にGVRD＝グレーター・バンクーバー・リージョナル・ディストリクトから改称、実質的なバンクーバー大都市圏）を中心に展開する交通の総括機関である。都市圏全体のスケールで全ての交通計画を立案するので、無駄な投資の抑制、利便性の向上を図りやすい。交通計画には道路架橋やパーク・アンド・ライドの駐車場整備なども含まれ、この機関が公共交通機関の運営だけに関わっているわけではないことが分かる。縄張り意識が少ない柔軟な組織運営システムからは、学ぶべきものが余りにも多い。

●駅員がいない、運転士もいない

「よし、スカイトレインに乗ろう！」と思って駅に行くと、初めて利用する日本人は一様に驚くに違いない。乗車券の券売機はあるのだが、何と改札口が見当たらないのである。本来ならば改札機があるような場所には、有料区域 Fare Paid Zone という表示が床にあって「ここから内側は、切符を持っている人だけだからね」と主張している（**写真12**）。有効な乗車券、定期券などがなければ、ここから内側（プラットホーム側）に入ると不正とみなされる。仮に不定期に実施する検札で見つかれば、二〇〇ドル近い罰金が科され、さらにそれが重なると乗車資格そのものを失うこともあるらしい（二〇一四年内にプリペイドカードや常時開放型の改札機を導入予定）。

写真12　駅コンコースの床に記された有料区域の表示（2008年8月、メトロタウン駅）

駅にはトイレが無い。駅員がいないためセキュリティに配慮して設置されていないのだ。この点、「駅にはトイレがある」と思い込んでいる日本人は気を付けておいた方が良い。セキュリティ保持に関しては全駅のいたるところに監視カメラが設置されていて、異常が確認されれば拳銃を所持した鉄道警察が現場に急行することになっている。車内では無音で通報できるブザーがある。

ホームで電車を待っていても案内放送は全くない。電車が入ってくると車輌のドアが開いて、車輌のスピーカーから行き先案内のアナウンスがある。車輌の側面や前面には行き先表示が一切ないので、日本の親切な表示に慣れた者にとっては一

写真13　駅周辺に建つ高層コンドミニアムとMark I型車輛（2008年8月、メトロタウン駅）

抹の不安を覚えるが、少し慣れてしまえば不便を感じることはない。しかし、一層不安を覚えるのは、Mark Iという旧型車輛の前面に運転席らしい窓が見当たらないことであろう（Mark IIには「それ風」に見える少し大き目の窓がある）。

　日本でも新交通システムで無人運転をするところは多いが、さすがに車輛前面には運転席らしく見える窓がある。保守のための有人運転、非常時の救援運転などが考慮されているのであろう。しかしMark Iにはそれが無い。あるのは貫通扉（非常口）中央部の小さな窓だけで「これは無人運転しております」という自己主張がプンプン漂っている（**写真13**）。要するに、鉄道模型のDCC（衝突・追突防止が図られた同一線路上の自動運転システム）と似た、遠隔自働制御が導入されているのである。さすがに国際交通博覧会の「乗れる」展示物であった貫禄が十分に感じられる。

　その車輛前面の部分には、Mark Iだと折り畳み式の横向きペアシートが、Mark IIなら一人用の前向きシートが設置されている。「いいのですか、こんなところに座っても？」と問いたくなるような、「鉄っちゃん」「鉄子」でなくとも座りたくなるに違いないスペシャルシートである。ここに座っていると、運転士どころか、バンクーバーの市長か鉄道会社社長にでもなったような気分が味わえる。人気絶頂の席なのでなかなか座れないが、空いていれば恥ずかしがらずに座ってみよう。この座席を確保するために始発駅で次の列車を待っていても、運転間隔が短く苦痛を感じることはない。そう、スカイトレインは自動運転のメリットを最大限に活かし、一列車あたりの編成を二〜四輌（ラッシュ時には稀に六輌もある）に抑える一方で、運転間隔を詰めるフリークエントサービスを最大の「売り」にしているのだ。

●スカイトレインの乗り方

ベストの座席は上で紹介したが、スカイトレインの乗車券を買うにはどのようにすればいいのか。

「だって外国の鉄道でしょう？　私は東京の地下鉄でもＳｕｉｃａが無いと切符の買い方が複雑で分からないし、駅員さんがいないのなら、翻訳機があっても尋ねられないじゃない！」という人も多かろう。でも心配ご無用。スカイトレイン（後述するシーバスやウェストコーストエクスプレスでも）の乗車券の券売機は、説明をどの言語でするのかの選択画面が最初に表示されていて、しかも「Japanese」ではなく「日本語」と漢字で書かれているからだ。乗車券を買うのは一種の契約なので、多少は英語に覚えがある人でも最初は「日本語」のボタンを押すのが無難である。こういう局面で格好をつけていても何の得にもならない。

初期画面をタッチパネルの要領で触れていけばOK。他には中国語やパンジャビ語の表示もあって、バンクーバーがアジアとの関係を重視していることが分かる。最後まで操作して切符が出てくると、「ありがとうございまし」と表示される（少なくとも最近までは）。「…ました」ではないところがご愛敬だが、こういうのは外国ではよく見かける微笑ましいものなので、その懸命な努力を評価すればよい。我われにとっては「おもてなし」の心が何よりも嬉しい。

券売機から出てくる乗車券の一部には、発売時刻が刻印されている。この発券時刻が大きな意味を持っている。先に述べたように、その時刻から一時間三〇分以内であれば、所定ゾーン内のバスやシーバスも利用できる。Fare Paid Zone近くにある時刻印字機は、回数券のためのものなので券売機で乗車券を買った場合は、ここで刻印を受けなくてもよい。

さあ、これでスカイトレインには難なく乗れる。この電車に乗れれば、たとえレンタカーがなくても、かなり広い範囲を短時間で効率的に移動できる。何度も乗り降りしていると、すっかり「バンクーバーの人」になりきっている自分に気付くはずだ。

●どこまで伸びる？

スカイトレインは、国際交通博覧会の前年である一九八五年に、ウォーターフロント駅〜スタジアム駅（現在のスタジアム・チャイナタウン駅）で試験的に開通し、それから間もなくニューウェストミンスターまで延長された（図5⬇33ページ）その後、フレーザー川を豪快な鉄橋で横断して、バンクーバー南東のサレー市にあるキングジョージ駅に至った。この区間がエキスポラインと呼ばれる路線である。フレーザー川以北の路線は、従前の貨物線の後に敷設された区間が大半である。

二〇〇二年、エキスポラインのコロンビア駅から分岐し「釣り針」状にコマーシャル・ブロードウェイ駅まで戻るミレニアムラインが開業し、やがてＶＣＣ（バンクーバー・コミュニティカレッジ）クラーク駅までの区間延長がなされた。将来は、商業地域であるブロードウェイにほぼ沿って、バンクーバー市の西端に位置するＵＢＣまでの延伸も構想されている。これが開通すれば、混雑するＢ99系統のバスから利用者は解放されるだろう。

他の延伸計画をみると、ミレニアムラインの途中駅であるロヒードタウンセンター駅を起点として、将来はエバーグリーンラインがコキットラム方面へ延びて、ウェストコーストエクスプレス（⬇44ページ）とも接続される予定である。また、新型車輌のMark IIは、ミレニアムラインの開業に合わせて導入された新型車輌である。車輌間の通り抜けが不可能なMark Iに対し、Mark

IIは車輌間の通り抜けができる。

　ところで、二〇一〇年の冬季オリンピックに先駆けて二〇〇九年八月一七日に開業したカナダラインは、昨今のバンクーバーでは最も注目される交通であろう。このカナダラインは、YVRエアポート（バンクーバー国際空港）駅とウォーターフロント駅とを結ぶ新線で、フレーザー川のノースアームを渡れば、間もなく地中にもぐり、おおよそキャンビー通りの地下を経由して都心に至る。地元の人たちの間では「タクシー運賃がそれほど高くないバンクーバーでは、多くの利用が見込めないのでは」との意見も多く聞かれた。実際に開業された後は、市内屈指のショッピングモールであるオークリッジセンターや市役所と至近の場所に駅が開設されたため、むしろ市民の日常利用が盛んになっているように見受けられる。ただ、地下区間が大半なので、バンクーバーの素晴らしい景観が望めないのは残念である。

●スカイトレインがもたらしたもの

　スカイトレインに乗って車窓を眺めていると、ごく一部の駅を除いて、駅の周辺に高層集合住宅が多く立っているのに気付く（前出の**写真13**）。これは、都市計画のゾーニング（日本でいう都市計画の用途地域）が高層集合住宅地域に指定されているからに他ならない。もちろん、スカイトレインの開通前までは、低層戸建住宅地域であった場所も多く、ゾーニングの見直し前の戸建住宅が残存していることもある。

現在のメトロバンクーバーは、かつてのＧＶＲＤ（グレーター・バンクーバー・リージョナル・ディストリクト）と同様、継続して「選択し得る交通機関」という交通政策を標榜している。これは、自動車利用だけではなく公共交通機関を積極的に利用していくことで、交通渋滞の緩和だけでなく、地球温暖化などの環境破壊を避けていこうという理念に裏付けられている。理想としては崇高なのだが、スカイトレインの駅やバス停留所から離れた住宅地では、どうしても自家用車への依存度が高くなり、公共交通機関へシフトさせていくことが難しい。そこで、スカイトレインの駅周辺が集合住宅地域に指定されて、そこで暮らす人びとが自動車よりもスカイトレインを選択するという環境を意図的に整えることになった。

結果、彼らの多くは都心まで早く到達できる渋滞知らずのスカイトレインを選択したが、「選択可能な交通手段」は実質的には機能していない。つまり、大都市圏内の各々の場所では、それぞれ最も利便性の高い交通手段が選択されているという状況に至っている。交通に関する統計を読み解く場合には、こうしたカラクリに留意しておく必要がある。

バンクーバーはカナダ国内で最も不動産価格が高いと言われており、日本と同様に戸建住宅よりも集合住宅の方が価格的に買いやすい。それゆえ、スカイトレインの駅周辺にある高層集合住宅には相対的に所得の低い人びとが集まりやすく、収入や社会的な地位による格差が居住地域に応じて明瞭になってきている。特定地域での犯罪の多発を懸念する声も少なからずあり、スカイトレインがバンクーバー大都市圏に与えた影響は、必ずしもプラス面だけでないことが分かる。

しかし、治安が悪くて電車に乗れない、あるいは駅に近づくことができないという状況は、ごく一部の地区に限られる。スタジアム・チャイナタウン駅やニューウェストミンスター駅の近くには、旅行者や女性の一人歩きが危なそうな地区があるが、他は総じて安全で、メトロタウン駅のようにショッピングモールと直結している駅もある。

2　ウェストコーストエクスプレス

●優雅な通勤はいかが

私が在外研究員としてバンクーバーで暮らし始めた一九九五年の秋、テレビニュースを見ていると、聞き逃せないニュースが流れていた。まだまだ英語耳になっていなかったので正確には聞き取れなかったのだが、次のようなニュースであったのは、テレビ画面を見ていて簡単に想像できた。

「かつて大陸横断列車が発着したウォーターフロント駅と、東の郊外にあるミッションとの間が『ウェストコーストエクスプレス』という新しい列車サービスで結ばれます。その試運転が、ご覧のように毎日行われていますが、車内にはコーヒーやスナックが楽しめるカプチーノ・コーナーもあり…」というものだった。テレビ画面には、見たこともない総二階建て客車が、いかにも強力そうなディーゼル機関車に牽かれて走っていた（**写真14**）。

在外研究のため異国で生活しているとはいえ、私の脳裏には大学院時代に恩師の一人から叩き込まれた言葉が焼き付いていた。「香川君なぁ、研究業績リストに論文や記事が全く無いブランクを作ったら絶対にアカンでぇ」

私はバカ正直にも、この言葉を守るために「何かを書かないといけない」という衝動に追い立てられながら、その一方で活字にしておく対象を探すのに苦労していた。その矢先に上のようなニュースが飛び込んできたのである。プチ「鉄っちゃん」の血が騒いだ。「この列車の紹介記事を書こう！」

思い立ったら行動に移るのが早いのは、私の数少ない取り柄の一つである。開業から間もない夕刻、私はウォーターフロント駅のホームから巨大

写真14　機関車側のウェストコースト・エクスプレス（2008年8月、ウォーターフロント駅）

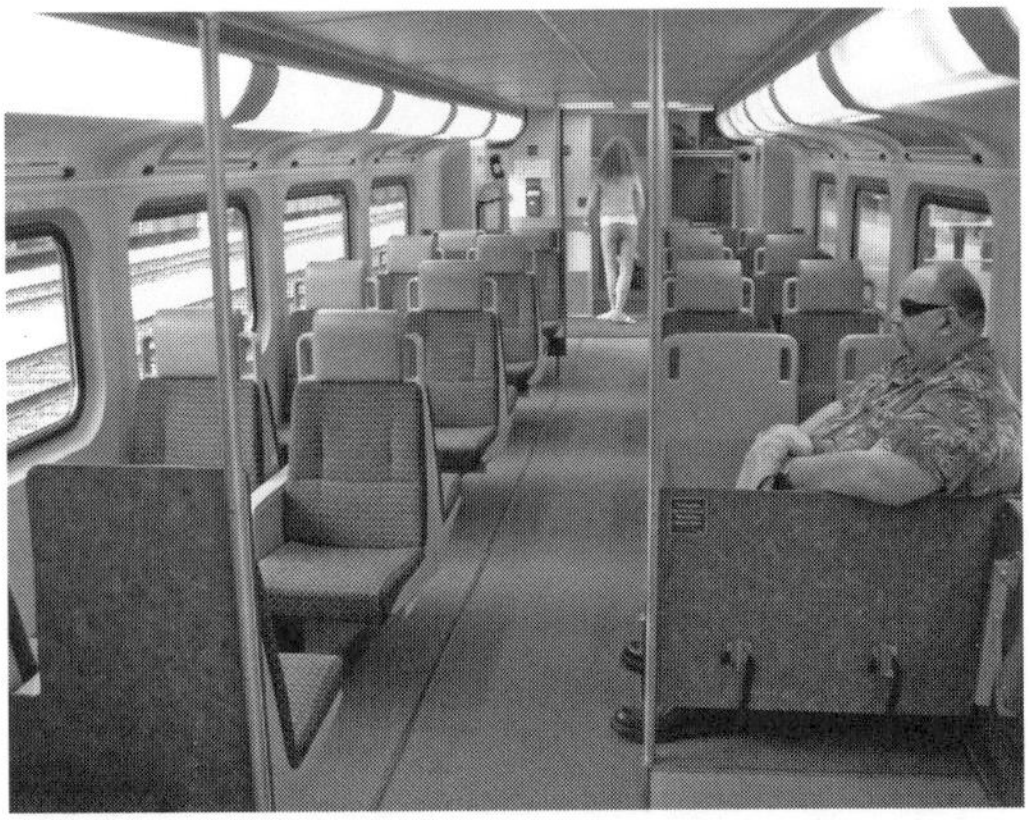

写真15　ゆったりしたボックス席が並ぶ車内の様子（2008年8月、ウォーターフロント駅）

な総二階建て客車に乗り込み、ウェストコーストエクスプレスの車中の人となった。早速に車内探検をする。プラットホームが低いため、日本の二階建て車輌のように、デッキから上下方向に階段が伸びているタイプではなく、まず一階フロアに入ってから半フロア分の階段を上がり、そこの客室から再び半フロア分の階段を上がって二階客室に入る構造になっている。座席は四人掛のボックスシート（**写真15**）であるが非常にゆったりとしたシートピッチで、相対する乗客が居ても気にならない。PCを操作できるテーブルやコンセントを備えた座席もある。もちろん、ニュースで触れられていたカプチーノ・コーナーも…。後に知ったことだが、同形式の車輌は北アメリカの多くの都市圏で新しい通勤輸送の切り札として活躍している。カナダとアメリカ合衆国の鉄道車輌は、塗色の相違だけで形式や仕様は共通であることが多い。

発車ベルもなく静かに走り始めると、驚くほど静かな車中に驚く。乗客が静かにしていることもあるが、走行音がほとんど聞こえないほど滑らかに走る。JRの寝台特急もここまで静かに走行できれば、廃止に次ぐ廃止を重ねずに済んだのかもしれない。車内には若干の空席があり、立っている乗客は見当たらない。この混み具合は、その後も夕刻の列車に何度か乗ったが、ほぼ同じである。どうやら連結する車輌数を増減させて対応しているようである。

それにしても、こういう列車で通勤できるのは恵まれている。バンクーバー大都市圏も最近は自動車が増加して、各所で少しの渋滞が生じているので、それを避けられるだけでも優雅な通勤といえる。スカイトレインのような俊敏な印象はないが、この「ゆったり感」は相当な魅力である。

●朝夕の片道運転の怪

ウェストコーストエクスプレスは、朝方は郊外から都心、夕方は都心から郊外へ向かう片道運転で、五本の列車がほぼ三〇分間隔で連続して運転される。朝方の列車は西方向 West Bound と呼ばれ、夕方のそれは東方向 East Bound と呼称される。バンクーバー大都市圏の中心であるバンクーバー市の都心は、都市圏の範囲でみると西端に近い場所にあり、周囲が海に囲まれている。少し範囲を広げてみても、北は山地、南はアメリカ合衆国との国境(北緯四九度)、西は海洋である。

つまり、人口増加にともなう都市圏の拡大は、東方向に向かわざるを得なかった。近年の日本

写真16　客車側の先頭部（2008年８月、ポートムーディー駅で後追い撮影）

の大都市圏で見られるような都市間交流も、こと通勤に限っては盛んではなく、片方向の通勤流動が卓越する。それゆえ、このような雁行型ダイヤの片道運転となるのである。こうした片道運転だけにとどまらず、土日祝日は列車そのものが運転されない。それほど徹底した通勤列車がウェストコーストエクスプレスの実態なのだ。

なお、この列車は、専門用語を借りるとプッシュプル運転で運行される。機関車は東方向に連結されており、朝方の西方向は推進運転（プッシュ運転）、夕方の東方向へは牽引運転（プル運転）がなされる。推進運転の際は、客車の末端部に設置された運転台で最後尾の機関車が遠隔操作されている（**写真16**）。同様の運転は北アメリカ各地の通勤列車で見られるが、日本では客扱いをしない回送列車の一部（たとえば上野駅に進入する際の寝台特急「カシオペア」など）、スイッチバック区間だけで行われているにすぎない。

●フィヨルドツアー――魅力的な車窓――

ウォーターフロント駅を出た列車は、しばらくはバラード入江という海沿いを走る。したがって綺麗な車窓を楽しみたければ、夕方の東方向へ向かう列車では進行方向左側の二階席の窓際がベストである。ただし、冬季は既に日没後で車窓は期待できない。

このバラード入江は、専門的に言えば氷食地形のフィヨルドと呼ばれるもので、北欧のものほど顕著ではないが、バンクーバーの緯度が高いことを実感させてくれる。氷河が削った谷に海水の浸入をみたものなので水深は相応に深く、入江の幅の割には大きな船が埠頭に停泊している様子を観察できる。線路沿いには多くの貨物ヤードや埠頭があり、小麦のイラストを配した大きな貨車が連なっていたりするのもカナダ的な景観である。

途中で入江を跨ぐ大きな道路橋の下をくぐるが、この橋はアイアンワーカーズブリッジと呼ばれ、国道一号線の一部をなす。国道一号線はトランスカナダハイウェイTrans Canada Highwayとの愛称があり、道路地図には国旗のシンボルであるカエデの葉をあしらった番号が誇らしげに添えられている。起点はブリティッシュコロンビア州の州都ビクトリアのビーコンヒルパークという公園の傍らにある。「ゼロマイル」の表示で親しまれている標識は、ビクトリア観光の一つのハイライトにもなっている。

こうした国道起点、バンクーバーから約八〇〇キロの行程にあるカナディアンロッキー、さらにその先の大平原、もっと先のトロントなどに思いを馳せるのも面白い。そのスケールを地図で確認すれば、カナダがとてつもなく広く巨大な国家であることが実感できるであろう。列車は相変わらずフィヨルドの縁を滑るように走っている。そうするうちに車内放送があり、東方向への列車で最初の停車駅であるポートムーディーに到着する。ここは古い港湾で、バンクーバーよりも早期に港が設けられた場所である。

●ミニトリップの勧め

「はい、魅力的な車窓であることは分かりました。でも、ポートムーディーで下車しても、夕方の列車は片道運転なのでしょう？　ダウンタウンまで戻れないじゃないですか！　あなたは自動車で迎えに来てもらったに違いありません！」という非難の声が聞こえてきそう。でも、私は一度も自動車でピックアップに来てもらったことはない。

ならば、どうすればよいのか。ウォーターフロントから2つ目の停車駅であるコキットラムセントラル駅（ポートムーディー駅の次）で下車すると、駅の地下道をくぐった先に大きなバス乗り場がある。ここを始発としてB97（Bライン97）系統がミレニアムラインのロヒードタウンセンター駅まで連れて行ってくれる。ウェストコーストエクスプレスの乗車券を持っていれば、それを示すだけでバスに乗れるので便利である。

バスは主要停留所だけに停車する快速バスである。走り出してしばらくはコキットラム市の中心部を走る。左手にはこの地域有数のショッピングモールであるコキットラムセンターも見える。新しい郊外地域なので道路幅は総じて広く、タワー型のコンドミニアムが林立している。このあたりはスカイトレインのエバーグリーンラインの建設が公表されて以来、バンクーバー大都市圏でも屈指の人口急増地域となった。居住者には若い世帯が多い。

ロヒードタウンセンターまでの道は、典型的な郊外の雰囲気だが、ウェストコーストエクスプレスから乗り継ぐ時間帯は夕刻の帰宅時間にあたるので、反対車線が相応に混雑している様子を観察できるはずだ。やがてバスは氷河地形特有の急坂も力強く越えて30分程度でロヒードタウンセンター駅に着く。エバーグリーンラインが開通すれば、B97系統のバスに代わってスカイトレインでこの区間を移動できるようになる。

3 シーバス

●「ちょっとそこまで」の船旅

バンクーバーを象徴する建物の一つであるカナダプレイス（⬇80ページ）の舳先にあたる部分に立って、船舶が行き交い水上飛行機が離着水を繰り返すバラード入江を眺めるのは、この上ない幸福感をもたらしてくれる。そんな風景を見ながら陽射しや風と戯れていると、入江の水面を定期的に往復する、角張って平らな船が目に留まる。これがシーバスSeaBusである（写真17）。

シーバスは、ウォーターフロント駅に接続する桟橋と、対岸のノースバンクーバーにあるロンズデール・キーとを結ぶ連絡船で、一九七七年に運航を開始してから長いキャリアを誇っている。双方の桟橋の間の所要時間は一〇分少々、わずかな船旅だが船上からの風景は素晴らしく「これぞ港湾都市バンクーバー」を実感できる。そうした雰囲気を醸し出しながら、乗船しているのが観光客だけでなく、地元の利用者が中心であるのも普段着っぽくて良い（写真18）。航行時間が一〇分少しであるのは、シーバスの運行スケジュールと関係している。平日の日中は一五分の間隔で運航されるため、折り返し時間を考えれば、こういう所要時間で航行する必要があるのだ。

この両桟橋の間は、一九〇〇年からフェリーで結ばれていたが、一九三八年にスタンレーパーク（➡97ページ）からライオンズゲートブリッジが架橋され、フェリーの需要が低下した。その後、フェリーサービスから自動車航送を撤廃して、高速化を図ったのがシーバスである。したがって、自動車はライオンズゲートブリッジかアイアンワーカーズブリッジを経由して対岸に渡る必要がある。ただ、自転車はシーバスに積み込むことができる。自転車に対する配慮（➡58ページ）は、バンクーバー大都市圏の全域に浸透しており、路線バスの大半が車体前面に自転車キャリーを装着している。

シーバスは、開業以来三〇年以上にわたって二艘だけで運航されてきたが、さすがに一五分間隔で運航する際に予備船舶が無いのは不都合をきたしたのか、冬季オリンピックに間に合うように新造船が導入された。従来の二艘は、My Burrard Otter（わがバラードのアシカ）と My

写真17　ダウンタウンを背景にしたシーバス（2008年 8 月、ノースバンクーバー・ロンズデール桟橋）

写真18　最前部の席は子どもたちの特等席（2009年 6 月）

Burrard Beaver（わがバラードのビーバー）という愛らしい名前だった。これらに対し、新造船はBurrard Pacific Breeze（バラードにそよぐ太平洋の風）というスタイリッシュな名前を公募で得て、二〇〇九年二月六日に名称が公表された。乗船の機会があれば、是非とも船体に記された名前を確認したいものだ。

●豪快な下船と乗船

既に記したように、シーバスは平日の日中、一五分間隔で運航され、片道の所要時間は一〇分少々である。したがって、桟橋に到着すると、すぐさま出帆しないといけない。そこで、シーバスの船体には、さまざまな構造上の工夫が施されている。

たとえば、初めてシーバスに乗船する人は、その乗降システムを見て驚くに違いない。そこには、下船客を待って乗船客が乗り込むという悠長さはない。京阪神在住の人であれば、阪急電車の梅田駅の乗降を思い出せば良い。シーバスの片側のドアが一斉に開き、そこから下船客が吐き出される。全員の下船を待ってドアが閉まると、反対側のドアが一斉に開いて、乗船客が一気に乗り込むというというスタイルである。この間、およそ二分くらいであろうか。ともかく鮮やかさに圧倒される乗り降りである。

シーバスの到着を待つ人びとも、船を待っているというよりは電車の到着を待っているかのように見える。桟橋に続く通路の入口付近には、次の出帆時刻が秒単位でカウントダウンされているし、通路から桟橋に出るところには、回転バーの付いたゲートがあって地下鉄のようだ。自転車を持ち込む乗客は別のゲートを通るようになっているのだが、これらのゲートはシーバスの定員（約四〇〇人）をカウントする機能を持っている。

出帆すると、シーバスは旋回するまでもなく、一気に対岸の桟橋を目指す。スクリューが双胴タイプの船体の間に前後両方付いていて、旋回しなくても航行できるように設計されている。操舵室は船体中央部にあるので、シーバスは前後不問の船体であるといえる。瀬戸内海を航行する小型フェリーにも同様の構造の船舶があるが、前後不問であるのは凸型をしたＪＲのディーゼル機関車のようなものだ。

船に乗る楽しみの一つは、航行中に僚船とすれ違うことだが、シーバスも一五分間隔で運航している時間帯でそれを楽しむことができる。すれ違いがあった場所がちょうど中間点あたり。そこから五分少しで目的地の対岸に到着する。内湾を航行するので揺れることはほとんどないが、船酔いが不安な人でも酔う前に着いてしまうほどの時間である。桟橋に到着すると、乗船を待つ人びとを横目で見ながら、今度はあなたが下船する側である。

写真19　パブリックマーケットの水産物店（2009年6月）

●向かったところにあるものは

バンクーバー（ウォーターフロント）からノースバンクーバーに向かうシーバスに乗ったと仮定しよう。下船すると、そこはいきなりバス乗降場とマーケットが一緒になった施設である。バスに急ぐ地元の人びとも多いが、観光客のほとんどはマーケットに向かう。

ここは、ロンズデール・キー・マーケットと呼ばれるパブリックマーケットで、「キー」というのはkey（鍵）ではなくquay（岸壁）である。カナダのショッピングモールは、入居テナントにチェーン店やフランチャイズ店が多く、数ヶ所を巡ると飽きてしまう。これは、全国展開する日本の大型ショッピングモールでも同様なので、「感覚的に分かる！」という人も多かろう。そうした中にあって、ロンズデール・キー・マーケットは個性的な店舗が多く、かなり新鮮な印象を受ける。海に近い場所なので、海鮮物を扱う店があることもイメージアップになっている（**写真19**）。

そんな楽しい場所だから、「シーバスで対岸まで行って、すぐに引き返そう」と思っていた人も、ほぼ例外なく滞在時間を延長することだろう。ここまで来れば、往路で購入したシーバスのチケットの有効時間が切れそうになっていても、お構いなしに流せば良い。バンクーバーは、時計を気にしながら慌ただしく過ごすにはもったいない場所である。フィッシュ&チップスやハンバーガーをテイクアウトして、ウッドデッキから対岸に見えるバンクーバーのダウンタウンを眺めれば、誰もが「あぁ、来てよかった」という気持ちで満たされるに違いない。

●これであなたもバンクーバーの人

シーバスの座席は、前面や後部の展望を得やすい構造になっている。だから、船端部の座席を確保すれば、両桟橋の背後に展開する景観を余すところなく観察できる。ノースバンクーバー側では、とりわけ早春の晴れた日の風景が素晴らしく、ノースショア（バラード入江の北側）の山々が山頂近くに雪を抱いているのが、まさに息を飲むほどの程の美しさである。他方、バンクーバー側では、季節を問わず、ダウンタウンの摩天楼の姿に都会らしさを感じて惚れ惚れする。

バンクーバーからの往復であれば、行きは何かと浮き立っていた気持も、帰路では落ち着いていることだろう。ロンズデール・キー・マーケットでのノンビリした時間も思い出となって、少し眠気を催すかもしれない。夕暮れ時であれば、スタンレーパーク（➡97ページ）が夕陽をバックに黒く浮かび上がり、たとえようもない美しさに驚くこともしばしばである。そんな帰りの航路で、シーバスの前面の窓に映るダウンタウンの風景が徐々に大きくなってくる。

仮に短くても数日間をバンクーバーで過ごした人ならば、この風景を見て「帰ってきた」と感じるのではなかろうか。そして、これは地元の人びとにも、おそらく共通する感覚で、私は「シーバスから眺めるバンクーバーの風景が大好きだ」という人に幾度も会った。バンクーバーに戻るシーバスの船内で「帰ってきた」と感じたならば、それであなたは「バンクーバーの人」になりかけているといえる。

4　自転車優先道路

●坂が多いのに自転車が人気

バンクーバーは、その周辺の自治体も含めて意外と坂が多い都市である。地図だけを眺めていれば、それが等高線の入った地形図でもない限り、大部分の人は起伏の多さには気付かないであろう。他の北アメリカ都市の多くと同様に、バンクーバーでも起伏に関係なく格子状に交差する碁盤目型の道路パターンが卓越するからだ。その典型例は、ダウンタウンの業務地区とスタンレーパーク（➡97ページ）の中間に位置するウェストエンド（➡90ページ）でも見られる。

日本で発売されているバンクーバーのガイドブックには、ほぼ例外なくダウンタウン〜ウェストエンドの地図が綴じ込まれている。その地図を一瞥しただけでは、ウェストエンドの中心あたりの海抜標高が五〇m前後にも及ぶことは想像できない。この地域を歩きまわればよく分かるのだが、つま先上がりになるような坂道も存在するのである。こうした起伏の多さは住宅地でも同様で、西一六番街W.16th Ave.のダンバー通りDunber St.との交差点の東側、バンクーバー市とバーナビー市との境界をなすバウンダリーロードBoundary Roadなどでは、直線状でありながら驚くほど急な坂が存在し、思わず「あぁ、北アメリカだなぁ」と呟いてしまう。

しかし、我われが一層驚かされるのは、こうした坂を自転車で走っている人びとがいることである。さすがに日本に多いママチャリではなく、その多くは変速機付きの精悍なマウンテンバイクであるが、コーン型のヘルメットを被ったサイクリストがいとも楽々と急な坂を登っていく。冬も厳寒ではなく、夏が涼しいバンクーバーは、確かに自転車に適した気候であるといえようが、なぜここまで自転車が目立つのであろうか。

その最大の原因は、おそらく原動機付自転車をはじめとするバイクの少なさにあるように思われる。日本では、自動車よりも気楽に乗れる乗りものとして原付が多用されているが、少なくとも私はバンクーバーで同様のものを見かけたことはない。当地では、宅配ピザや郵便ですら自動車で配達される場合がほとんどで、バイクは珍しい乗りものの一つである。バイクの保険料が高

写真20　道路名称表示に添えられた自転車優先道路の記号（2008年８月、ウィンドソー通りとキングエドワード通りの交差点）

いという噂を聞いたことがあるが、その真相は定かではない。

自動車を持つに至らない、あるいは自動車を持ちたくない人びとにとって、自転車はエコロジカルであると同時に、自らのロハスを主張できる移動手段として重宝されているといえよう。こうした考え方は、メトロバンクーバーの交通政策を立案・実行するトランスリンクでも重視されていて、環境保護の観点から自転車利用を促し、その利用環境を整えていく試みが各所でなされている。それは、シーバスへの自転車持ち込み、バスへの自転車キャリーの取り付けにとどまらず、自転車優先道路の整備にまで至っている。

自転車優先道路は、街中の交差点に見られる道路名の表示で簡単に発見できる。道路名称を記したプレートの隅に自転車のマークがあしらわれている（**写真20**）。そして、こうした道路を主に使うサイクリングコースが設定され、そのコースを紹介したサイクル・トレイルの書籍まで販売されているのだ。

●やってはいけない、こんな運転

カナダは日本以上の自動車社会であり、自動車に対する依存度も高い。しかし、道を歩いていても、自分自身が自動車を運転していても、しばしば遭遇するのは、歩行者や自転車の安全を確保することが徹底されているということである。

既に述べた自転車優先道路の交差点では、自転車は直進できるものの、自動車は直進できない障害物が、しばしば意図的に設置されている。いや、正確にいうと、自動車は極めて直進しにくい障害物が設置されていることが多い（**写真21**）。「不可能」ではなく「難しい」のは、おそらく警察車両や救急・消防車両などの緊急自動車が直進できるように配慮されているからである。もちろん、まれに直進が困難な交差点を工夫して直進している自動車を見かけるが、大半のドライバーは自転車優先道路を走行しないルート選択をしているようだ。

写真21　自動車の直進を妨げるための工夫（2008年８月、場所は写真20と同じ）

歩行者や自転車を優先するための自動車の運転とは、いったいどのようなものであろうか。こうした運転は、当然ながら「自転車優先道路がある

写真22　4 WAY を示す道路標識
（2003年 3 月、ブレンハイム通りと33番街の交差点）

から仕方なく…」というように行われるものではない。いつでもどこでも励行されている上品で思い遣りに満ちた見習うべき運転である。

　たとえば、街中では信号機が無い横断歩道をしばしば見かける。あなたが仮にその横断歩道を徒歩か自転車で横断しようとしていると仮定しよう。こういう場合、大半の自動車は横断歩道の手前で停止して、歩行者や自転車を通してくれる。譲ってもらった方は、手を挙げて、あるいは手を振ってドライバーに謝意を示し、ドライバーも片手を挙げて礼に応えることが多い。

　もちろん、後方の自動車が血相を変えて急いでいるのに気付いた時は、減速はしても停車しないケースもある。このあたりは相互が事故を未然に防ぐことに留意した「阿吽《あうん》の呼吸」で成り立っている。ただ「自動車が先に行くんだからねっ！」というような運転は人格を疑われる。仮にそのような運転をすれば、自転車に乗った人から“Bad driving!（この、へたくそ！）”と叫ばれることを覚悟しないといけない。自動車社会は歩行者や自転車に優しいものであることを、ドライバーは肝に銘じておく必要があるのだ。

また、自動車同士の場合も、街中の交差点ではしばしば「フォーストップ」と呼ばれる標識に注意しないといけない。アメリカ映画で頻繁に見かける八角形のSTOPという標識は多くの人が知っていよう。その八角形の下に4 WAYという表示が添えられている場合（写真22）、優先道路は無く「先に一時停止した方が先に動く」というルールがある。ここでは、必ず一時停止して、優先順位を確認してから発進しないといけない。迷った場合はアイコンタクトやジェスチャーで譲り合う。仮に英語に自信が無くても、自動車の運転でマナーを守っていれば、地元の人たちと十二分なコミュニケーションができる。なかなか嬉しいことではないか。

3 バンクーバーのエッセンス——ダウンタウンとスタンレーパーク——

バンクーバーのダウンタウンには、見どころがコンパクトに凝縮されている。しかし、その全てがパック旅行の定番スポットではなく、「知る人ぞ知る」という隠れた名所も多い。本章では、ダウンタウンとその周辺にあって誰でも行き易い場所を六つ取り上げ、ガイドブックとは一味も二味も違った見方を提案したい。有名な場所や美しい場所は眺めているだけではもったいない。眺めるだけなら万全の天候のもとで撮影された絵葉書やビデオの方が綺麗だし、実際に現地を訪ねると意外に俗っぽい名所に落胆することも多い。だから、観光客が多い場所では、独自に資料やデータを集めなければ深い面白さを実感できない。本章では、バンクーバーから出発する大陸横断鉄道で遥かなるカナディアンロッキーにも思いを馳せる。さぁ、バンクーバーのエッセンスを一緒に体験してみよう。

1　ウォーターフロント駅

●交通博覧会か、乗りもの図鑑か

バンクーバー最大の水陸交通の拠点といえば、この駅をおいて他にない（図4中の31↓15ページ）。前章で紹介したすべての公共交通機関にバスを加えた四種類の乗りものが、ここをターミナルとして束ねられているからだ。それは、まるで交通博覧会のようである。もし、乗りものに関心を持ち始めた子どもをバンクーバーで育てるならば、私は迷わずにここへ来るだろう。

「ほら、あれがスカイトレイン、これがウェストコーストエクスプレス、そして向こうに見えるのがシーバスだ。外に出ればバスやタクシーだって走ってるぞ」という具合である。

「だけど…、飛行機は来ないよね？」と問われれば、次のように答えればよい。

「いやいや、あそこを見てごらん。あれは水上飛行機と言ってね、水の上から飛び立って、水の上に降りることができるんだ。ヘリコプターの乗り場だって、すぐそこにあるよ」

「ええっ、すごいね！」きっと、嬉々とした子どもの表情が見られるだろう。

水上飛行機がバラード入江から頻繁に離着水しているのは事実だし、ヘリポートからヘリコプターが離着陸するのも珍しいことではない。加えて、駅のすぐ近くのカナダプレイス（↓80ペー

写真23　コルドバ通りからみたウォーターフロント駅の外観
（2009年６月）

ジ）には、数万トン規模の大型クルーズ船が接岸することもあるのだ。これだけの種類の乗り物が集まる場所は、世界広しといえども、他にほとんど無いはずである。だから私は、ここを『乗り物図鑑』のような駅」と紹介することが多い。

しかし、この「乗り物図鑑」は、決して安物の図鑑ではない。前章で触れた公共交通機関で駅に降り立って先を急ぐと、この駅舎の全容はなかなかつかみにくい。そこで、駅舎正面のコルドバ通りを反対側に渡って振り返れば、ウォーターフロント駅の建築美に誰もが驚くはずだ。まるで美術館か証券取引所のような威風堂々の姿は、かつてここがバンクーバーの玄関であったことを雄弁に語っている（**写真23**）。

●大陸横断列車が出入りした駅

もう一度、駅舎に戻って近くで建物を観察すると、歴史的建造物 Heritage Building という綺麗な銘板がはめ込まれている（**写真24**）。この銘板は、バンクーバー市が指定した歴史的建造物に付けられるもので、その説明は例外なくシンプルな英語で分かりやすい。こうした銘板の説明を読んで歩くだけで、バンクーバーの建物探訪が味わい深いものになる。地元の人びとにとっても、自分や家族が郷土の歴史や文化を学ぶ素材となっているに違いない。

写真24　歴史的建造物に与えられるエンブレム
（2008年 8 月、ウォーターフロント駅）

その銘板やいくつかの資料を調べてみると、ウォーターフロント駅が、冬季オリンピックから数えてちょうど百年前の一九一〇年に完成したこと、そして遥かトロントやモントリオールとを結ぶ大陸横断列車の発着したターミナルだったことに気付く。ただ、後述する現在の大陸横断列車はウォーターフロント駅には来ない。スカイトレインのサイエンスワールド・メインスト

写真25　美術館のような駅のコンコース（2009年６月）

リート駅のそばにあるパシフィックセントラル駅（ユニオン駅ともいう）にターミナルが移ったからだ。

カナダの大陸横断列車は、カナディアンパシフィック鉄道（ＣＰ）とカナダ国鉄（ＣＮ）によって運行されていたが、その旅客部門が一九七七年に連邦政府が出資したＶＩＡという組織に一本化されて以降、バンクーバーの長距離旅客列車のターミナルはＣＮゆかりのパシフィックセントラル駅に統合され、ＣＰゆかりのウォーターフロント駅は旅客輸送から撤退したのである。それは一九七〇年代末のことであった。

しかし、伝統のウォーターフロント駅は、それから間もなく復活を遂げた。スカイトレインが一九八五年に開業したため、今度は近距離電車のターミナルとなって甦ったのだ。古い駅舎が残されていたのは幸いであった。今日でも多くの利用者が行き交うコンコースは、アイボリーホワイトの美しい壁が白熱灯の柔らかな灯りに照らされ、天井付近を見上げると、あたかも美術館の中にいるような錯覚に襲われる（写真25）。

そして、注意深く壁の上部を見ると、実際に油彩画のタッチで描かれた幾枚もの風景画が目に入る。そこに描かれた風景こそ、カナダが誇る世界自然遺産「カナディアンロッキー」の威容である。かつて鉄道が大陸横断の主役であった時代、スーツで盛装した多くの旅人が、遥かなる旅路の先に立ちはだかる急峻な山々を、この絵を眺めながら想像したに違いない。

●現在の大陸横断列車「カナディアン」の壮大なる旅路

今日、一世を風靡する「鉄っちゃん」「鉄子」でなくとも、ロシア連邦に次いで世界第二位の国土面積を誇るカナダの大陸横断列車と聞けば、何となく心が躍るはずだ。その列車「カナディアン」は、バンクーバー発が日・火・金の週三本の運転で、遥かトロントまで四四六六キロを八二時間（三日と一〇時間）、四泊五日の行程で走る。運行はＶＩＡという一九七七年に連邦政府が出資して設立した国営独立企業体の手で行われており、これはアメリカ合衆国のアムトラックAmtrakに似た組織である。日本のＪＲが旅客輸送を中心としていて分社化されている一方、貨物列車はＪＲ貨物という全国規模の会社で運行されているが、カナダもアメリカ合衆国も旅客列車がマイナーな存在で、それがＪＲ貨物と似たような組織運営になっているのが面白い。国土の広さに応じた鉄道の役割が説明できる好例であろう。

表2　大陸横断列車「カナディアン」の時刻表（2015年）

トロント行き 着	発		駅名（州，時間帯）		バンクーバー行き 着	発
…	20：30	↓	バンクーバー（BC, PT）	↑	9：42	…
6：00	6：35	↓	カムループス（BC, PT）	↑	23：09	23：44
16：00	17：30	↓	ジャスパー（AB, MT）	↑	13：00	14：30
23：00	23：59	↓	エドモントン（AB, MT）	↑	6：22	7：37
9：00	9：25	↓	サスカトゥーン（ST, CT）	↑	22：07	22：32
20：45	22：30	↓	ウィニペグ（MB, CT）	↑	8：00	11：45
5：02	5：42	↓	スー・ルックアウト（ON, CT）	↑	23：39	0：09
15：35	16：10	↓	ホーンペイン（ON, ET）	↑	14：40	15：20
0：18	0：48	↓	ケープリオル（ON, ET）	↑	5：38	6：08
9：30	…	↓	トロント（ON, ET）	↑	…	22：00

＊上記の記載時間は全て各駅の現地時間
＊トロント行きはバンクーバー発、夏季（日・火・金）、冬季（火・金）に運転
＊バンクーバー行きはトロント発、夏季（火・木・土）、冬季（火・土）に運転

（州名の略記）
BC：ブリティッシュコロンビア州
AB：アルバータ州
ST：サスカチェワン州
MB：マニトバ州
ON：オンタリオ州

（時間帯の略記）
PT：パシフィックタイム（GMT－8）
MT：マウンテンタイム（GMT－7）
CT：セントラルタイム（GMT－6）
ET：イースタンタイム（GMT－5）

（資料：VIA Rail ホームページ　http://www.viarail.cn）

長い旅路を時刻表でみてみよう（**表2**）。ここに示したバンクーバーとトロントを除く中間駅は、「カナディアン」のレギュラーストップと呼ばれる駅で、給水、食材の積み込み、時間調整のための長時間停車も多い。他は短時間停車の準レギュラーストップ駅がトロント行きでは三駅（バンクーバー行きは準レギュラーストップ駅なし）、それ以外はリクエストストップと呼ばれる

駅が五四駅（バンクーバー行きは五七駅）ある。「カナディアン」は全車禁煙Smoke Freeなので、喫煙はレギュラーストップ駅のホーム指定箇所でしかできない。注目すべきはカナディアンロッキーにあるジャスパー駅を中心に昼間走行をするダイヤが組まれていることだ。これは長大な編成の中でも人気抜群のスカイラインカー（二階がガラスドームになった展望車）から雄大な眺望を楽しむための工夫である。

編成を概観してみよう（**写真26・写真27**）。先頭は見るからに強力なディーゼル機関車が二〜四輌も構えており、それに次いで荷物車一〜数輌が連結される。荷物車に預ける荷物は航空機に搭乗する際に預ける手荷物と同様のものである。乗客の居住スペースは、スリーピングカー（寝台車）とエコノミークラス（座席車）からなる。編成の中間あたりにダイニングカー（食堂車）やスカイラインカー（展望車）があり、最後部には寝台乗客専用のパークカー（ラウンジや展望室のある車輌）が連なっている。寝台車の一画には寝台乗客共用のシャワールームがある。寝台は全て一等であるが、日本では寝台特急「日本海」にだけ残っていた中央通路式の開放型二段寝台（プルマン寝台ともいう）から、一人用・二人用・三人用・四人用個室がある。三人用と四人用は二部屋をつなげて使うタイプである。二人用にはロマンス・バイ・レイルというスイートルームもある。ただ、全ての寝台乗客は共用のシャワールームを利用することになっているので、日本が誇る寝台特急「カシオペア」「北斗星」「トワイライトエクスプレス」（二〇一五年三月に「カシオペア」以外は臨時列車化または廃止）の最上位クラスのA寝台個室にはかなわない。

このように書くと私は何度となく「カナディアン」に乗った経験があると思われるかもしれないが、これはバンクーバーの車輌基地をスカイトレインから眺め、「いつか乗ってみたいなぁ」と

写真26　カナディアン号の先頭部機関車（1996年6月、カナディアンロッキー山中のジャスパー駅）

写真27　カナディアン号の最後部パークカー（1996年6月、カナディアンロッキー山中のジャスパー駅）

いう鉄道少年的な願望のもと、バンクーバーの知人から聞いたり、VIAのホームページで勉強した成果である。知人の一人が「鉄道旅行は時間と金銭に余裕がある人たちの憧れや贅沢のためのもので、強いて言えばクルーズシップに乗るようなものかなぁ」と話してくれたことがある。料金を調べてみると、バンクーバーからトロントまでの一人用個室寝台の運賃（シーズンによって異なる食事込みの料金）は一六〇〇～二一〇〇カナダドル、座席車の格安運賃（食事は別料金）でさえ五二〇カナダドルであった。ちなみに航空機（二〇〇九年九月調べ）だとエコノミークラスで二三〇～一〇〇〇カナダドル、ビジネスクラスが一六〇〇～一九〇〇カナダドルなので、鉄道がいかに贅沢なのかが分かる。

この「カナディアン」が発着するパシフィックセントラル駅（ユニオン駅）には、アメリカ合衆国のオレゴン州やワソントン州からも一日数本の「カスケード」という愛称のアムトラック列車も出入りする。一九九〇年代には、オレゴン・ワシントン両州がBC州とともにカスケーディアという経済共同体を作るという奇抜な企画が出されたこともあり、これらの諸地域は国境を越えて相互関係が極めて強い。

●ここから始まるバンクーバーの旅

カナディアンロッキーの彼方にまで話が逸れたが、先に述べたようにウォーターフロント駅は、それ自体が立派な観光の対象になる。しかし、一層嬉しいことに、この章の2から4に記す見どころは、すべてウォーターフロント駅から徒歩で二〜三分の場所にある。駆け足の観光を余儀なくされるスケジュールであっても、土産物店で多くの時間を浪費しない限り、これらの全てを二時間程度で見て巡るのは決して難しいことではない。

仮に少し日程や時間に余裕があれば、狭い範囲に集結しているかのような見どころを別の日に巡ってみるのも良い。スカイトレインで郊外に移動するのも面白いし、シーバスで短くも優雅な船旅を楽しむのも洒落ている。鉄道に関心があれば、平日の夕刻にウェストコーストエクスプレスに乗ってみるのも面白い。

バンクーバーは緯度が高いので秋季や冬季の日暮れが早い。近場を歩いて巡っているうちに運悪く日没を迎えてしまうこともある。そんな時は、ウォーターフロント駅の近くでリング状の展望台「ルックアウト」を持つハーバーセンターに登ってみよう。建物の外部に設置されたエレベーターは高所恐怖症の人であれば足がすくむほどの迫力があるし、展望台からの黄昏や夜景は息を飲む美しさである。

高いところが苦手な人は、たとえ明るい時間に行った経験があっても、ギャスタウンに戻れば良い。それはなぜなのだろうか。答えは次節をご覧いただきたい。

2　ギャスタウン

●バンクーバー発祥の地

ウォーターフロント駅の西側、駅前のコルドバ通りを跨ぐ歩道橋には"Historic Gastown"の文字が記されている。「ここが歴史地区ギャスタウンの入口」という一種のゲートサインである。そこからウォーターフロント駅を左手に見てコルドバ通りを南東方向に進むと、やがて斜め左側に分かれていく道がある。それがウォーター通りと呼ばれるギャスタウンの中心街路である。

少し空腹を覚えるならば、その角にある「スチームワークス」という、オリジナルビールを出してくれるパブ・レストランがお勧めである。この店は、私が在外研究員としてUBCに滞在中、公私ともにお世話になったデビッド・エジントン先生に後年教えていただいた店で、私はバンクーバーを訪ねる度に立ち寄っている。日本語は全く通じないが、下手な英語でも懸命に聞いてくれるのが有難い。窓から海が見える席もあり、地元BC州のワインも揃っている。このレストランのコースターには蒸気船が描かれているが、ギャスタウンは蒸気船の時代にまで遡ることができる、バンクーバー発祥の地なのだ。

その始まりは、ギャシー・ジャックという人物に由来する。彼は、製材所で働く男たち、後には西進してきたパイオニアのために宿泊施設や酒場を経営し、それが集落から都市への発展を遂げるバンクーバーの礎となった。様々な資料をひもとくと、一八六八年のことらしい。ギャシーの名は「ギャス」となり、ギャシーが築き上げた街、すなわちギャスタウンが誕生した。

しかし、北アメリカに吹き荒れた一九二九年の大恐慌の暴風は、この街を大きく衰退させ、バンクーバーの中心は少し西にある現在の位置に移動して行った。そうした衰退ムードの中、一九六〇年代にギャスタウン、そして隣接地のチャイナタウンの再開発計画が公表された。これらの市街地に残る古い建造物を取り壊して、幹線道路を建設しようという計画である。当時は、今日のように「古き良きもの」の価値が高く評価されなかった時代であった。その頃、百年前後にしか満たなかったこの街も、開発から取り残されて古びていたが、それが歴史の浅いバンクーバーでは逆に評価されて、道路建設の反対運動とこの街の建造物の保存運動が展開された。こうした市民の努力を基盤にして、今日のギャスタウンの繁栄がもたらされている。

●誰もが見に来る観光スポット

ギャスタウンは、バンクーバーを訪問する観光客がほぼ例外なく訪れる、この都市でナンバーワンのお決まり観光スポットである（**図4**中の32➡15ページ、**写真28**）。しかし、バンクーバーで最も古い場所といっても過言ではないので、やはりここは見ておいた方が良い。土産を買い揃えるにも空港ほど値が張らないし、品数が多いので手頃な場所といえよう。

とはいえ、単なる物見遊山だけで歩くのはもったいない。この街に仕掛けられた様々な工夫を解読しないと「とにかく情緒があって綺麗なところでした」、あるいは「カナダなのにヨーロッパみたいで素敵な場所でした」という感想しか出てこないのではないか。ガイドブックや絵ハガキをなぞるような旅よりも、これからは自分の視点で評価する旅の方が面白い。ならば、ギャスタウンで何を見て感じれば良いのか。ささやかながら私の視点を披露しよう。

写真28　ギャスタウンを行くオープンタイプの観光バス（2008年8月）

たとえば、ギャスタウンを貫くウォーター通りは、舗装の大部分が石畳である。路面が街灯に照らされる夜はことのほか美しく、そこが雨で濡れていようものなら美しさは倍増する（だから日没後がお勧めなのだ）。そして、この通りは一方通行（西行き）である。なぜ自動車社会のカナダにあって、震動が伝わりやすい石畳で、しかもドラ

写真29　スチームクロック（2008年８月）

イバーにとっては決して便利でない一方通行なのか？　石畳は自動車の速度を抑制するため、一方通行は横断時に安全確認がし易いようにという歩行者保護のためである。

　また、注意深く歩道を歩いていると、ウォーター通りの両サイドの建物は確かにヨーロッパ風で味わい深いのだが、そこかしこの上階の窓に“For Lease”の文字が見える。これは、建物が古いため、とりわけネットワーク社会になってから使い勝手が劣り、テナントが新しいビルに移転してしまった結果である。かつてバンクーバー経済を支えていたオフィスビルは劣化し、安いテナント料を求めて入居するベンチャービジネスの拠点の一つになっている。それでも空室が多いのは、ここがもはやＣＢＤ（Central Business District＝中心業務地区）から外れていることの証といえる。しかし、こうした場所こそがインキュベーター（孵卵器）として新しいビジネスを生み出す拠点になることも確かである。

思わずギャスタウンの象徴であるスチームクロックに触れるのを忘れるところであった。この時計は、その名前とは裏腹に電気で動いている（写真29）。ただ、雰囲気は抜群である。よほど詳しく調べた人でなければ蒸気で動いていると信じて疑わないであろう。そう信じさせてしまう環境がこの街にはある。この際、電気で動いているなど考えなくて良い。十五分ごとに吹きあがる蒸気、それが奏でる何となく物悲しい音色の笛、その全てがギャスタウンを訪れる人の心を優しくしてくれる。それだけで十分ではないか。

この街ができた頃、新しい場所で一攫千金を夢見た血気盛んな人びと、夢破れて酒に溺れた人びと、そして彼らを取り込んでこの街を発展させたギャシー・ジャック。多くの魂は、観光客で溢れる現在のギャスタウンをどのように感じているのか。ギャスタウンの奥まで踏み込んだ人は、酒樽の上に立ってこの街に背を向けたギャシーの像を目にするはずだ。ギャシーの目の先に広がる観光客が少ない街区、そして活気の中に怪しさをたたえる少し先のチャイナタウン（➡123ページ）は、慣れない人には少々危険な街である。しかし、それが本来のギャスタウンに備わっていた猥雑さなのだろう。だから「ちょい悪オヤジ」のギャシーはその方向を見つめているのだ。

3　カナダプレイス

●複雑で優美なバンクーバーのシンボル

バンクーバーのダウンタウンでひときわ優美な帆船を思わせる建物、それがカナダプレイスである。ここは、オフィス、会議場、貿易センター、ホテル、レストランなど様々な施設が「てんこ盛り」になった施設であるが、雑居ビルとは言い難い上品さが漂っている。

地図を見れば、カナダプレイスの形状からして、かつてここが岸壁であったことは容易に想像できる。この岸壁は、ウォーターフロント駅のところでも述べたカナディアンパシフィック鉄道（CP、時にはCPRとも呼ばれる）が一九二七年に完成させ、以後ピアBCと呼ばれた。ここに出入りする船舶は、主にバンクーバー島へ渡る鉄道連絡船であったらしい（図4中の33➡15ページ）。

しかし、鉄道の衰退とともにピアBCの役割も低下した。そこで、連邦政府、BC州政府、バンクーバー市の三者が共同して再開発計画を一九七八年に練り始め、一九八三年にカナダプレイスが着工された。地盤補強なども行いながら、三年後の一九八六年三月にホテルと国際貿易センター（オフィス）が開業、四月にクルーズシップのターミナル、五月には交通博覧会のカナダ館（現在のトレード&コンベンションセンター）が相次いでオープンした。カナダ館の開業式典には、英国のチャールズ皇太子と当時のカナダ首相マルルーニ氏が出席したことからも、この施設がいかに期待されていたかが推し測れる。

建物の中に入ってみよう。市街地側からみて右側の入口は国際貿易センターである。こちらはオフィスなので事務所に所用が無い限り、エレベーターホールから先へは入り難い。つい最近までJETROバンクーバーも入居していたが、現在は近くの他所に移転した。一方、左側は誰でも入れる入口で、他の機能に行く時は全てこちらを利用する。照明を落としたホールは慣れない人には少し暗く感じられるかもしれないが、カナダの公共施設は日本のものと比べれば総じて照明が控え目である。明るさよりも荘厳さをアピールしているのかもしれない。

写真30　カナダプレイス（2005年8月）

先へ進むとホテルのロビーに続くエスカレーターがある。これで上階へ行く途中、大きな吹き抜けの周囲に巡らされたガラス窓に気付くはずだ。実はこの窓、国際貿易センターに入居しているオフィスを結ぶ廊下のものである。全く独立した機能でありながら、その一部が互いに干渉しないように融合している設計の妙技に驚かされる。オフィスに加えてホテルと商業施設が同居する建物は、二〇〇〇年にオープンした渋谷マークシティと同様である。カナダプレイスの方が古いので、マークシティがここを何らかの参考にしたことは確かであろう（**写真30**）。

●世界一周クルーズやアラスカクルーズの拠点からオリンピックの報道拠点へ

カナダプレイスが最も華やぐ季節は夏である。なぜなら、毎日のように数万トンもあるクルーズシップが接岸し、それが両側で競演することすら珍しくないからである。日本でも頻繁に広告を見かけるアラスカクルーズの豪華客船は、その大半がバンクーバーから旅を始めて、一週間から一〇日の航海の後に戻ってくる。アラスカの風景も素晴らしいが、そこに至るまでのインサイド・パッセージと呼ばれる、大陸と島に挟まれた航路が魅力的だとの話をよく聞く。

こうしたクルーズシップだけでなく、数ヶ月をかけて地球を巡る世界一周クルーズの豪華客船も頻繁にバンクーバーに寄港するが、その折に使われるのもカナダプレイスの岸壁である。だから、当然ながら、ここには税関も入国管理事務所もある。

仮にこのような船に乗る機会が無くても、われわれが優雅な客船を間近で眺めるのは簡単である。スケジュールを知らなくても、七〜八月であれば接岸中の客船に遭遇する機会は極めて多い。

まるでビルのような船の大きさに圧倒され、一度は客として船内から桟橋を眺めてみたいという気持ちが湧いてくる。

では、なぜこれだけのクルーズシップがバンクーバーにやってくるのか。世界一周クルーズの場合は、バンクーバー自体が魅力にあふれた観光地であることが主因であろう。他方、アラスカクルーズの場合は、アラスカまでの距離がシアトルやサンフランシスコよりも近く、クルーズシップの運航効率を上げられるのが最大の原因ではなかろうか。何度かクルーズシップに乗り込む乗船客に尋ねたことがあるが、かなりの回答に「便数が多く設定されていて、アメリカの港からのものよりも安い」という点が共通していた。

ともあれ、クルーズに縁のない者にとっては、傍から眺めて夢の世界を分けてもらうのも悪くない。しかし、ここでクルーズシップを見る度に「一度でいいので神戸や横浜から船でここに来たいものだ」と思ってしまう。バンクーバーの虜になってしまった人であれば、自分の乗った船がスタンレーパーク（➡97ページ）から延びるライオンズゲートブリッジをくぐり、ダウンタウンの摩天楼を目にした瞬間、「あぁ、帰ってきた」と感じるに違いない。

こうした非日常に夢旅行できる世界は、冬季オリンピックの夢舞台でも連日テレビ中継に映し出された。それは、カナダプレイスが港湾都市バンクーバーを象徴するデザインであることに加えて、オリンピックの準備が進められる中で、ここがバンクーバー・コンベンション＆エキジビ

写真31　左からカナダプレイス、クルーズシップ、オリンピック・プレスセンター（2009年６月、シーバスの船内より）

ションセンターと呼ばれるようになったことに起因している。カナダプレイスは、その東施設East Facilityと位置づけられ、西施設West Facilityはオリンピックのプレスセンターとして建設された（**図４**中の▲P⬇15ページ、**写真31**）。このプレスセンターからは、連日の熱戦の様子が全世界に向けて発信された。そして、東西の両施設の間は、水上飛行機が発着するウェストコースト・エアターミナルと呼ばれ、州都ビクトリアとの定期便や市内周辺の遊覧飛行の拠点でもある。日本では珍しい水上飛行機が頻繁に離着水する様子は、誰の目にも新鮮に感じられるだろう。

4 シンクレアセンター

写真32　ヘイスティングス通りからみたシンクレアセンター（2009年6月）

●市内屈指の高級ショッピングセンター

カナダプレイスから僅かに二ブロック、ウォーターフロント駅の向かい側に魅力的なショッピングセンターがある（**図4**中の34➡15ページ、**写真32**）。それがシンクレアセンターである。ここはマーケティング業界では、おそらくスペシャリティセンターに分類される施設である。何がスペシャルなのかというと、まず北アメリカのショッピングセンター（ショッピングモールと呼ばれることもある）の簡単な説明から始めなければならない。

さて、北アメリカを初めて訪れた日本人は、一様にショッピングセンターの大きさに驚くだろう。いや、昨今では日本のショッピングセンターも巨大化しているので「かつては驚いた」とする方が正確かもしれない。ただ、同じ北アメリカであっても、アメリカ合衆国のショッピングセンターとカナダのそれとは違う部分がある。それは、前者（アメリカ）がデパート、衣料品、雑貨店などの非食料品店ばかりで構成されることが多いのに対し、後者（カナダ）ではスーパーマーケットなどの食料品店もテナントとなる場合が多いという違いである。だから、日本のショッピングセンターはカナダ型である。ちなみに、北アメリカのデパートには、日本のデパートの「デパ地下」のような惣菜・食料フロアが基本的になく、逆にスーパーマーケットが衣料品や家電製品を取り扱うこともほとんどない。

こうした両国のショッピングセンターに共通しているのは、入居しているテナントにチェーン店やフランチャイズ店（いわゆる暖簾《のれん》貸しの店舗）が多いことである。つまり、店舗配置やデザインが少し異なっていても、都市や場所による違いがかなり希薄なのである。したがって、買物に慣れた消費者は「いつものところと大差ないじゃない！」と不満を募らせる。このような買物達人（北アメリカではショッパ・ホリックと呼ばれる）にとって、ありふれたものではなく個性的なショッピングセンターは購買欲をそそられる存在で、それゆえにスペシャルなのである。

スペシャリティセンターの他の特徴は、スーパーマーケットが入居するのが稀であること、規模が巨大でないこと、多少の高級感が味わえること、歴史的な建造物を活用することが多いなどである。シンクレアセンターは、これらの要件を全て満たしており、いわゆる業界人（マーケティングや都市再開発の）にとって必見の施設といえよう。もちろん、ウィンドウショッピングや買物が好きな人たちも訪ねれば相応に楽しい。

「でも、高級ショッピングセンターは敷居が高いかも…」という人もいるだろう。確かに欧米の高級ブランドショップは、かなりのブランドマニアでなければ入り難い雰囲気がある。ただ、シンクレアセンターのテナントにそういう店舗は少ない。これは店舗そのものの雰囲気というよりも、この施設が様々な行政施設やフードコートも取り込んでいることに由来している。シンクレアセンターには、旅券事務所や社会保険事務所も入居しており、こうしたところに所用のある人びとが普段着で出入りしているからである。だから、シンクレアセンターは、バンクーバー市民にとって極めて認知度が高い施設である。

フードコートも落ち着いてはいるが、値段や雰囲気はごく普通のものである。コミカルなオブジェが飾られたピロティは開放的で、そこのピアノではアマチュアやセミプロのピアニストが生演奏してくれることもある。フードコートで三ドルの前後のコーヒーを買って、それを片手にピアノを聴けば、それだけで優雅な気分になろうというものだ。

●古いものを大切にすることの素晴らしさ

シンクレアセンターは、既に述べたように歴史的建造物を活用してできた施設である。しかもそれは、異なる年代に竣工した四つの建物から構成されている。少し羅列的にはなるが、これらの建物の数奇な歴史をたどってみよう。その説明をするには、いま読者であるあなたがヘイスティングス通り挟んでシンクレアセンターを見ていると仮定すると分かりやすい。四つの建物は一つのブロックを四等分するかのように並んでいる。まず右側手前の時計塔を持つ建物が最も古く、以下は古い順に左側手前、左側奥、右側奥となる。つまり、上に記した場所からは、時計塔のある建物から時計方向に古い順で並んでいると考えれば良い。

まず、右側手前の建物は、ちょうどオリンピックの一〇〇年前にあたる一九一〇年に完成した旧・中央郵便局ビルである。一九五八年に郵便局が移転して以降は連邦政府のオフィスとなっていた。二番目の左側手前の建物は、一九一一年にサーモンの缶詰工業で財を成したリチャード・ウィンチのオフィスとして完成した旧・ウィンチビルである。その後、一九二五年に連邦政府に買収され、そのオフィスとなって使われた。ヘイスティングス通りから眺めると、旧・中央郵便局ビルとデザイン上の統一感が感じられて好ましい。三番目に古い左側奥の建物は、一九一三年に完成した旧・通関検査倉庫である。ここも一九五八年以降、連邦政府のオフィスとして使われるようになった。四番目の右側奥の建物は、一九三七年に中央郵便局の別館として完成したが、一九五八年の郵便局移転と同時に連邦政府が買収し、そのオフィスとして活用され、連邦政府ビルとの名称で呼ばれた。

これら四つのビルに転機が訪れたのは、バンクーバーで交通博覧会が開催された一九八六年のことである。各々のビルはガラスドーム状のアトリウムで連結され、かつてビル背後の小径 lane であった部分は明るい内部廊下となった。ヘイスティングス通りとコルドバ通りの間の段差も、屋内ステップを巧妙に配置することによって、それが逆にアクセントとなっている。毎時○分に美しい音色を館内に響かせる鐘は、中央郵便局ビルの時計塔から時刻を告げていたもので、そのアッパーレベル（地上一階）に移設され、鐘が鳴る時に仕掛けが観察できて面白い（**写真33**）。

写真33　シンクレアセンター内に移設された鐘（2009年6月）

このように、シンクレアセンターは、歴史的建造物を現代的に上手く活用しながら、それでいて過去の雰囲気を極力損なわないように配慮して、過去と現代とを見事に融合させたアイデアの勝利を見せ付けてくれる。歴史をそのままの状態で残す「保存」ではなく、現代を生きる人びとに活用されることで歴史の意義を見出す「保全」は、ここに限らずバンクーバーの随所でお目にかかれる。それを探す旅だけでも、我われは決して退屈しない数日間を過ごせるだろう。

5　ウェストエンド

●バンクーバーを満喫できる便利な住宅地

ダウンタウンの北西側、中心業務地区CBDとスタンレーパークとの間に展開するのがウェストエンドである（図4中の35周辺一帯➡15ページ）。この地域とCBDとのおおよその境界線をなすのが、バラード通りである。ダウンタウン南側のフォールスクリークを越える、最もイングリッシュ湾寄りに架かるバラード橋から続くのがこの通りなので判別は簡単だ。

ところで、バンクーバーのダウンタウンに林立する高層ビル群でガラスが多用されていることから、近年は「ガラスの街」という異名がある。バンクーバーに行った経験が無い人は、「カナダ太平洋岸で最大の都市」と紹介される当地の映像や写真を日本で見て、「港湾都市だから貿易業などが盛んでオフィスも多いのかな」と思うに違いない。しかし、バンクーバーの都心でオフィスが集積するCBDは極めて限られた領域で、林立する高層ビルの多くは集合住宅である。つまり、日本でいうところのマンションだ。ちなみに北アメリカでは、集合住宅のことをマンションとは呼ばない。コンドミニアムCondominiumの略称であるコンドCondoと呼ぶのが普通である。

「そりゃあ、そうだとすれば、東京並みの人口密度になるでしょう。カナダは広い国なのに、どうして、それほど窮屈に住むのかな?」との疑問が湧いてくるのも当然だ。

しかし、実際にウェストエンドを歩いてみると、活気のあるバス通りを外れると、そこは驚くほど静かで、春には桜が咲き乱れ、夏には緑陰が涼しい住宅地なのである。テレビ映像や絵葉書の写真とは裏腹に、ウェストエンドのコンドは適度な間隔を確保しながら建っており、歩道が付いた道路には上述した並木、歩道と建物の間には十分な余裕があり、そこには年中枯れない西洋芝が敷き詰められている。そして、芝のエッジは、関西風お好み焼きのように「ビシッ」と立ち上がっているのだ。だから、東京の市街地のビジネスホテルのように、窓はあっても明かりが届かないという建物は皆無に近い。

では、なぜこれほどまでに高層集合住宅が林立するようになったのか。それはウェストエンドが、南東側をCBD、北西側をスタンレーパーク、そして北東側と南西側をそれぞれバラード入江とイングリッシュ湾によって空間的な拡大を阻害された場所であったからだ。どこの都市でも便利な空間は限られているが、外側に向かう水平的な拡大を絶対的に否定された場所は多くない。都市の成長にとっては不利に働く条件を克服するために、バンクーバーでは一九二八年にゾーニングを施行し、この時点でウェストエンドの大半が集合住宅地域に指定された。つまり、それ以降に大幅な改築や新築を実施する場合は、ごく一部の商業地域を除いて、用途は住宅、その構造

写真34　コモックス通りに残る戸建住宅群（2008年８月）

は集合住宅という厳しい規制の網がかけられることになった。限られた土地では、多くの人たちで知恵を絞り、譲歩し合って暮らしていこうという理念が、一九二〇年代に確立されたのである。

そんなウェストエンドにも、戸建住宅が散見される。これは、然るべき手続きを経て最小限の改築だけで住み継いで行く場合、そこを無理矢理に建替えて集合住宅とするには及ばないという、柔軟な都市計画上の発想によっている。その極みが、バラード通り沿いにあるセントポール病院の北西、ネルソン公園とコモックス通りを挟んで向き合う戸建住宅群である。ウェストエンドには、いくつかの戸建邸宅が歴史的建造物に指定されて残っているが、ここには似たようなスタイルの家屋が丁寧に維持されていて、古きよき時代の「普通のウェストエンド」や「初期の建売住宅」が観察できる（**写真34**）。現在も居住者がいる建物も多い。私は居住者にインタビューをしたことがあるが、オーナーから家屋を借りている借家人が大半であった。その多くがウェストエンドを「この上なく便利な場所」と高く評価しており、そこの戸建住宅で暮らしていることに誇りをもっているのも共通している。

●人に優しいウェストエンド

この街は、なぜバンクーバーの中にあって人を惹き付けてやまないのか。ただ、それは全ての年齢層を惹き付けるのではなく、若い独身男女、子どもの居ないDINKs、現地でmove-downと呼ばれる子どもが離家独立した後の夫婦（あるいは離別・死別した単身者）に好まれているようである。事実、この地域の年齢別人口構成を調べてみると、若者と老人が多い。彼らに共通するのは、床面積の広い大きな家を必要としないこと、徒歩で行ける範囲に退屈しない「都市の刺激」があることなど、郊外よりもダウンタウンの方が有利な生活環境である。そういう人びとにとってフレンドリーな環境を、ウェストエンドは備えているといえる。

たとえば、北アメリカの多くの都市は、平坦地に展開していて内陸にあることも多い。これは、少し生活に慣れてくると退屈を感じやすい環境であるが、ウェストエンドはそれと対極の性格を持っている。すなわち、当地は坂が多く起伏に富んでいる。前にも記したが、碁盤目状の街路からは想像し難いものの、標高が高いところは海抜五〇メートル前後もある。したがって、集合住宅も雛壇状の場所に建つことになり、海岸から少し離れた場所であっても、各住戸の窓から海が見えるケースが珍しくない。これは、海の風景と戯れることができる点で、ウェストエンドの大きな特徴になっていて、不動産広告でもMarine View（海が見える！）と記されたものを頻繁に見かける。少し歩けば行くことができるスタンレーパーク、イングリッシュ湾に沿ったサンセットビーチなどは、旅人が訪れても忘れ難い場所なので、居住者から見れば自分たちの住まいがある場所をさぞかし誇らしく思うことだろう。

変化に富んだ風景が「目に優しい景観」であることに加え、ウェストエンドは歩行者に優しい安全な環境でも優れている。市街地を構成する碁盤目状の街路は、バス通り（バラード通り、ロブソン通り、デンマン通り、デイビー通りなど）でなければ、驚くほど静かな環境を保っている。主要道路であるバス通りが渋滞していても、抜け道として住宅地内の街路に進入してくる自動車はほとんどない。もちろんこれは、運転マナーの良さにもよっているが、全ドライバーのマナーが同水準で優れているわけではなく、中には抜け道を模索する者もいる。しかし、よほど当地の街路を熟知していない限り、こうしたドライバーが道に迷ってしまうのは必至である。それは、なぜか？

ＢＣ州の自動車保険は、原則的にＩＣＢＣ（Insurance Corporation of British Columbia）という保険組織に一括依存している（ちなみに街中で頻繁に見かけるＣＩＢＣというのは、Canadian Imperial Bank of Commerceという銀行の愛称・略称）。その保険組織は加害車輌も被害車輌も州内の自動車であれば保険処理が簡単に済むというメリットがある反面、事故が増加すると、保険財政がたちまち悪化するというリスクも負っている。その保険財政を悪化させるような出合い頭の事故が一九七〇年代にウェストエンド内で急増した。もちろん主因は、抜け道利用の自動車が増加したことである。そこで一九八一年に交差点を直進できなくする街路改造のための予算が、州政府・市政府の協力のもとに成立し、トラフィック・カーミングと呼ばれる障害物が数箇所の交差点に施工された。

障害物は二種類ある。一つは交差点やその前後をベンチや花壇で閉鎖してしまうもので、これは現地でミニパークと呼ばれることが多く、当地内に一一箇所ある。もう一つは交差点内に築かれる歩道と同じ高さの障壁で、これは現地でバリアと称されていて六箇所ある。後者を現地で観察すると、消防車・救急車・警察車輌などは直進できるような工夫が施してあるのが面白い。つまり、バリアの一部の段差が少し低くなっていて、微妙な硬さのポール（ボディ同色バンパーなら少し傷が付く程度）をなぎ倒せば直進ができるのだ。こうした無謀運転を自家用車でするドライバーはまず居ないだろうが、カナダの緊急車輌は総じてバンパーが頑強なので、全く問題なく直進できる。現地を訪れる機会があれば、地図でも簡単に見つけられるので、是非とも現物を見ていただきたい。成熟した自動車社会というものが、実は自動車よりも歩行者に優しいことが実感できるはずだ（**写真35**）。

写真35　交差点に設けられたバリア（2008年８月、ビュート通りとペンドレル通りの交差点）

ところで、若い人びとや高齢者が多いウェストエンドでは、食料品をはじめとする日用品の買物の便、外食のためのレストランなどの存在が欠かせない。ダウンタウンが衰退した欧米の都市では、フードデザートFood Desert（食料砂漠）という言葉があり、生鮮食料品などを入手し難い生活環境、居住者の健康維持などが問題視されている。コンビニエンスストアでスナックを買うことはできても、スーパーで野菜や果物を買えないという深刻な問題である。日本の旧市街地でも同様の問題が各所で生じつつあり、我われは今後の動向に注意しておく必要がある。

少し話が硬くなったが、ウェストエンドはフードデザートとは無縁である。生鮮食料品を扱うスーパーは複数あるし、レストランも観光客向けではなく地元居住者を対象としたものが多くある。これらはゾーニングで「商業地域」に指定された上述のバス通りにあるので、地域内のどこからも五分前後もあれば徒歩で確実に到達できる。

このような生活環境が人びとをウェストエンドに惹き付けてやまないのだ。

6　スタンレーパーク

●憩いと癒し、市民の誇り

ウェストエンドの北西側、半島の先端部を占める広大な公園、それがスタンレーパークである。欧米先進国の主要都市の公園の多くが、市街地に囲まれているのに対し、この公園は周囲の一方向（南東側）だけが市街地に接し、他の方向の全てが海に囲まれている。そうした位置的な特性が、この公園の雰囲気を独特なものにしている（図4中の36➡15ページ）。

読者諸氏の中には世界各地の主要都市を多く知っているという方も多かろう。仮にそうでなくても、ニューヨークのセントラルパーク、パリにあるブローニュの森、ロンドンのハイドパークなどは耳にした経験があるかと思う。これらの面積（ヘクタール）の概数は、順に三四〇、八五〇、二五〇であるが、スタンレーパークの広さは約四〇〇ヘクタールにおよぶ。これは、なかなか侮れない広さであることが容易に想像できよう。ちなみに東京の日比谷公園は一六ヘクタール、京都御苑は一一ヘクタールしかない。

この広い公園は、先住民（カナダではファーストネーションズと呼ばれる）から市当局が長期借用しているもので、借地料の金額を私は知らないが、それが先住民の生活保障や生活支援に充当される補助金となっているのは確かである。入植者が先住民の生活空間を侵略したのは事実であるが、バンクーバーを再び先住民だけの土地に戻すのは既に不可能である。こうした現実の下での補助金制度は、お互いが譲歩し合う工夫といえよう。

スタンレーの名前は、この公園が一八八八年に開園した当時のカナダ総督ダービー・スタンレー一六世の名にちなんでいる。スポーツ、とくにアイスホッケーが好きな人であれば、NHL（北米アイスホッケーリーグ）のプレーオフ・トーナメント戦の優勝チームに授与される「スタンレーカップ」というトロフィーをご存知であろう。実は、このスタンレーカップも、アイスホッケーに魅了されたスタンレー一六世の名をとったものである。バンクーバー市民の多くが、地元NHLチームのカナックスにスタンレーカップを獲得してほしいと切望していることも、こうした事実を知っていれば理解できる。

公園の内部は各ガイドブックに詳しいので、ここでは羅列的な記述を避ける。この公園は、徒歩、ジョギング、インラインスケート（ローラーブレード）、レンタルもある自転車、自動車のどれでも安全に周回できる工夫がなされている。徒歩を除いては基本的に反時計回りなので、衝突が未然に防げるし、自動車道は分離されていて、自転車やインラインスケートのレーンと徒歩レーンもごく一部を除いて別である。

見所はいたるところにあるので、どのような周回方法をとっていても、結構な時間を要する。もちろん早回りも可能であるが、この公園で先を急ぐのはもったいない。自動車を除いては海岸線を舐めるようなルートなので潮風が心地よく（写真36・写真37）、夕刻であればイングリッシュ

写真36　レンタサイクルはキャリーも連結して貸してくれる（2006年３月）

写真37　スタンレーパーク西縁側のビーチ（2006年３月）

写真38　中央車線を方向切替え規制中のライオンズゲートブリッジ（2008年８月）

湾の彼方に傾いてゆく夕陽が感動的である。自動車であれば、途中でハイウェイ九九号線の上を跨ぐ箇所から、ノースバンクーバーに向かうライオンズゲートブリッジが良く見える。九九号線のこの区間は三車線になっており、中央レーンは時間に応じて通行方向が変化する（**写真38**）。オリンピックゆかりのサイプレス山やウィスラーに向かう人びとがほぼ例外なく渡る橋でもある。この橋をアングルに入れた風景は、そこから少し進んだところのプロスペクトポイントからも絶景である。

●動物も人も、みんな友だち

スタンレーパークは、動物が多いことでも特筆すべき場所である。リス、アライグマ、カルガモなどにも頻繁に遭遇するこの公園は、初めて訪れた人にとっては感動的であろう。実のところ、リスはバンクーバーの住宅地でもしばしば見かける小動物で、全く珍しくはないのだが日本ではほとんど見かけないので愛嬌のある仕草が微笑ましい。もっとも、バンクーバーで頻繁に見かけるリスはグレー一色でネズミのようにも見える。日本人がイメージするシマ模様のリスは、遥かカナディアンロッキーに行けば会うことができる。

野生動物だけでなく、公園内の入口付近にあるバンクーバー水族館は、家族連れに一押しのスポットである。日本語パンフレットも置いてあるので英語に不安がある人でも安心できるだろう。ここで一番の人気者は、北極海を成育域としている白イルカのベルーガ。沖縄の「美ら海水族館」や大阪の「海遊館」のジンベイザメと同じく、ベルーガを観るためにバンクーバー水族館に来る人も多い。カナダの水族館では、ここでしか観られない貴重な動物である。日本でも四施設(鴨川シーワールド、八景島シーパラダイス、名古屋港水族館、しまね海洋館アクアス)でしか観られないので、わざわざ訪ねる価値は十分だ。

昼食に館内の野外スペースでホットドッグをかじるのも一興だ。かけ放題の砕いたピクルスやケチャップ(これの発音はカチャップと聴こえる)をタップリかければ、それだけで地元の人になった気がするから妙なものである。また、少し長期滞在ができる人は、周回道路の終点近くにあるプールで遊ぶのも、夏季であれば面白そうだ。このようにノンビリ過ごすとスタンレーパークの良さを実感できる。

時間を気にせずに上手く過ごすことができれば、野生の小動物との遭遇も決して珍しくないと感じられるようになる。それは、針葉樹林に覆われた大地で人類と動物たちが連綿と織り成してきた自然の営みであり、それを感じることがこの上ない贅沢であるように思える。暮れ行くスタンレーパークを後にして宿に戻るとき、忙しい観光スポット巡りでは決して得られない幸福感があなたを包んでいるに違いない。

4 都会の中のオアシス——フォールスクリークとその周辺——

バンクーバーの本当の魅力は、実のところ観光スポットほど飾られていない普段着のような空間に隠されている。その糸口は、バンクーバーの快適さを世界中に知らしめた、マーサー社による世界生活環境調査などにある。これらの調査は「暮らしやすさ」を評価したものなので、「暮らし」や「生活」の基盤となる住宅や商業空間が本当に魅力的なのである。本章で取り上げるフォールスクリークのノースサイドとサウスサイド、そしてグランビルアイランドは、かつて工業、製造業、流通関連業がビッシリ並んだ海辺の空間で、いわば「働く男たちのバンクーバー」の象徴でもあった。そこが見事にスタイリッシュでお洒落な空間に変貌を遂げる。その契機や過程はどのようなものであったのだろうか。その背景と現実を探り、より良い都市へ進むための工夫を学んでみよう。

1　ノースサイド

●初めての旅客列車を牽いた機関車がいる街

　バンクーバーのダウンタウンと主要な住宅地域との間には、細長いフォールスクリーク False Creek という入江がある（**図4**⬇15ページ）。この入江はバンクーバーがまだグランビル Granville と呼ばれていた草創期から、製材所やさまざまな工業を下支えしてきた水域で、ここに出入りする船舶も多かった。しかし、バンクーバーの産業基盤が林業・工業から商業・貿易などのサービス業に移行していくにつれて、生産活動の拠点であったフォールスクリークは、その存在価値を徐々に低下させ、汚れた水域がバンクーバーのイメージを悪くしていた。

　そうした工業地域であったため、カナダの開拓に貢献したパイオニアたちをこの街まで運んできた鉄道もまた、フォールスクリークの周辺を拠点としていた。蒸気機関車が主役であった時代、鉄道の操車場や機関庫は現在の車輌基地に比べると、はるかに汚れたイメージだったからである。蒸気機関車が方向を転換する転車台、その周りを扇形に取り囲む扇形機関庫、そして操車場や貨物駅など、諸々の鉄道施設がこの地域に設けられた（**図4**中の41⬇15ページ）。

　その当時の扇形機関庫は一部が綺麗に整備され、現在はフォールスクリーク北岸の居住者が集まるラウンドハウス・コミュニティ・アーツ&レクリエーション・センターとして親しまれている。ここまでの説明では、センターを英語綴りでCentreと併記してこなかったが、カナダでは英国式の英語が日常的に用いられているため、米語のCenterという表記は用いない。劇場のTheatreも同様である。このあたりのこだわりは「自分たちはアメリカ人ではない」「誇り高い英連邦の一員」という強烈な自己主張であるといえよう。

写真39　コミュニティセンターになった大陸横断鉄道の扇形機関庫（2008年8月）

ところで扇形機関庫の中央部には、固定されてはいるが線路を残した転車台がモニュメントとして維持され、機関庫の各ユニットへの線路も歩行者がつまずかないように工夫され残っている。そして一番のハイライトとして、一八八七年に最初の旅客列車を牽引してバンクーバーに到着した蒸気機関車の三七四号374 Engineが保存されている（写真39・写真40）。この機関車は運転席にも上ることができるが、こうした場所で子どものよう

写真40　機関庫の中に保存された374号機関車（2008年８月）

な表情を見せるのがオジサンであってオバサンではないのは日本と同じである。機関車のスタイルはノスタルジックで可愛いデザインであるが、ボディはかなり大きく、普通のデジタルカメラでは全貌をとらえるのが難しい。

コミュニティセンターのある一角は、パシフィック大通りPacific Boulevardという街路で南北に分けられるが、南側がフォールスクリークのウォーターフロントであるのに対して、北側は一九九〇年代半ばまで古いオフィスや倉庫が数多く残っていたイェールタウンという地区である。この地区の名前は、バンクーバーからカナディアンロッキーに向かう道中、最初に山々が迫ってくるホープという小都市があり、そこからさらに二〇キロほど北（バンクーバーからは一八〇キロほど）に位置するイェールという集落に由来している。この集落に鉄道の操車場があり、そこの労働者が多く暮らしていたのが現在のイェールタウンのあたりだといわれている。

バンクーバーからの距離を考えると、かなりの遠距離通勤といえるが、実際は数日間の勤務で交代するような労働シフトがとられていたのではなかろうか。ともあれ、この地域が鉄道員の街であったことは確かである。その街の地下をスカイトレインのカナダラインが二〇〇九年八月一七日に開通し、ここにはイェールタウン・ラウンドハウス駅が設けられた。蒸気機関車で賑わった街は、地下鉄という新たな鉄道を得て、バンクーバーオリンピックを支えることになった。

●ここまで変われる工業地域

洋の東西を問わず、大都市の都心から少し離れた場所には、その都市の草創期から地域の発展を支えながら、都市の成長から取り残された地域が頻繁に見られる。こうした地域は、地理学や都市計画学の専門用語でインナーシティ Inner City と称される。その一部は、主に一九七〇年代以降に再開発され、現代的な住宅地やビジネス街に変貌していった。フォールスクリークの周辺は、ここノースサイドも、後に紹介するサウスサイドも、ともに再開発を経て美しく整備された地域である。

ノースサイドが大変貌を遂げた契機は、一九八六年にこの地を会場の一つとして開催された交通博覧会であった。その会場設営のために、衰退していたフォールスクリークに面する工業地域が選ばれ、パシフィック大通り以南のウォーターフロントはバンクーバーの名を周知させる大役

写真41　フォールスクリークに面するコンドミニアム（2008年8月）

を果たした。博覧会の後、この地はしばらく広大な空地になっていたが、一九九〇年代に入ってからBCプレイス、エクスポプレイス、コンコードパシフィックプレイスと名前を順次変えていき、芝が美しい水際の公園、スタイリッシュな高層集合住宅、ヨットハーバーなどに生まれ変わった。

　水面に臨む小径（トレイル）には、散歩やジョギングをする人たち、インラインスケートやサイクリングに興じる人びとが多く、公園の芝では日光浴をする人、本を読む人もみられる。そして、フォールスクリークを見下ろす高層集合住宅は、水色がかった紫外線カットガラスがリゾートホテルのようで、「戸建住宅もいいけれど、こうした住まいにも住んでみたいなぁ」と感じる人も多かろう（**写真41**）。

　その今風の雰囲気は、パシフィック大通りを越えたイェールタウンにも達していて、この街もバンクーバーの現代文化をリードする地区の一つとなった。夜遅くまで開いている飲食店で酒を楽しむ人びとも多く、「夜更かしのバンクーバー」の典型例でもある。ただ、そこに出入りする人びとは、力仕事で疲れた体を強い酒で慰める男たちから、カジュアルファッションで装って新しい話題をカクテルやワインで楽しむ人びとに変わった。いわゆるトレンディタウンが出現したのである。

こうした変化について地理学では、とりわけ住宅の再生や居住者の新陳代謝に焦点を当てて、ジェントリフィケーション Gentrification と呼ぶことが多い。ラウンドハウス周辺やイェールタウンは、その典型例といえようが、統計分析をするとバンクーバーの場合は借家として居住する人びとが目立つ。住宅は分譲されても、オーナーと居住者が別であると考えられ、この点では日本の大都市で都心立地を志向するタワー型マンションとは少し性格が異なっているだろう。

2　グランビルアイランド

●面影を残した再開発の極み

先に述べたラウンドハウス周辺の場合と同じく、ここグランビルアイランドにも鉄道線路の跡がそこかしこに残されている。それは、かつて浚渫《しゅんせつ》土砂とゴミの集積場として人工島となったこの場所が後に工業用地や倉庫街として機能するようになり、そこに出入りする貨車の群れが走った轍の跡である。古いものを単純にクリアランスするのではなく、歴史を内包しながら控え目に発露させる再開発の妙技は見事という他はない。線路跡を眺めながら子どもに説明する父親の姿を見る度に、私は日本でも同じような場所がもっと欲しいと切に願ってしまうのだ。

そもそもグランビルアイランドは、カナダ政府の所管する土地であった。そのため、ここの再開発は連邦議会の議決を経て一九七二年に始められ、翌七三年から現存する諸施設が順次オープンしていった。再開発の実施に先立って、カナダ政府はＣＭＨＣ（カナダ抵当住宅公社、日本の住宅金融支援機構に相当するような組織）にアセスメント調査を依頼し、以後もＣＭＨＣがグランビルアイランド再開発の監督と管理を担当している。そのことからも想像できる通り、ここは個別地区の再開発という狭量な概念ではなく、周辺居住者や訪問者に対して買物や娯楽などを提供する場として設計された（図4中の42➡15ページ）。

このような考え方が基盤となっているので、多くのガイドブックがここを観光スポットとして取り上げているのに反して、実際に訪問してみると非日常と日常が自然体で共存していることに気付くだろう。すっかり観光化された朝市や「市民の台所」に食傷気味の旅人であっても、ここのパブリックマーケットに並ぶ品々が新鮮かつ種類豊富で安いことに驚き、「ここは違う。凄い！」となること請け合いである。店の人びとが総じて気さくで親切なのも好ましい。たとえば見慣れない果物を見つけて「食べてみたいけれど不味かったらどうしよう。少しだけ買えればいいのになぁ」と思った場合、簡単な英語で話しかければ、向こうから"Ya"または"Sure"という言葉が笑顔に添えられて返ってくるはずだ。

ところで、このパブリックマーケットは、プレハブのような簡素な建物の外壁を塗装したものである（**カバー写真**）。マーケットの近くの無料駐車場（ただし時間上限あり）が満車であれば、自家用車で来た人びとは屋根付きの有料駐車場に入れることになるが、この駐車場も簡素な造作である。その理由は、これらの建物が旧来の工場や倉庫をそのまま活用しているからだ。こうした建物が旧来の形態を保ったままなされる再利用は、建築や都市計画ではコンバージョンと呼ばれるが、その事例がグランビルアイランド内には溢れている。

ただ、全ての建物がコンバージョンされているわけではない。旧来の機能の一部が現在も現役として残っている例がある。そうした機能が隅の方で小さくなっているのではなく、人や自動車の往来が多い一画にある。ちょうどグランビル橋の下あたりに位置するコンクリート工場はその典型である。旧来の機能が全て排除されていないので、各所に残る線路跡とともにこうした機能は、この場所の歴史を手繰り寄せる時に大きなヒントとなっている。全く心憎い演出ではないか。

●見る、食べる、遊ぶ、買う、過ごす

日本の旅行雑誌、情報サイト「るるぶ」は、「見る、食べる、遊ぶ」の語尾をつなげたものらし

いが、これは旅のエッセンスの「楽しむ」を因数分解したような言葉で感心しきりである。グランビルアイランドの面積は大きくないものの、外来者を主な対象にした要素だけでなく、「買う」や「過ごす」という現地居住者を主なターゲットとした場所として注目できる。もちろん、「買う」や「過ごす」は外来者でも十二分に楽しめる。細かく挙げるときりが無いので、既述の点を除いた例を順に見ていこう。

まず「見る」ことについて。グランビルアイランドの南東端あたりに不思議な家々が建ち並んでいる。いや、建ち並んでいるというより、建ち浮かんでいるというのが正確な表現だ。これらの家屋群はフローティングハウスと呼ばれるもので、家屋の規模は外観から一〇〇〜一二〇平米くらいだと思われるが、大きさからして日本の一般的な郊外住宅のような雰囲気である。ただ、やはり海に浮かんでいるので、家の傍らにヨットが停泊していたりして個性的で美しく、大人にも子供心を蘇らせてくれる夢のある家々である。居住用の他、事務所として利用されている建物もありそうだったが、管理事務所を訪ねて話を聞こうとすると拒否された。個人資産のプライバシーに抵触するからであろうが、いつか詳細を知りたいものだ（**写真42・写真43**）。

二番目に「食べる」ことについて。少しばかり贅沢なレストランはガイドブックに任せても、パブリックマーケットやローカルビールのパブで十分に空腹を満たすことができる。パブリックマーケットでは、先に記した青果店での珍しく新鮮な果物の少量買い&食べ歩きが最高に面白いが、これはあくまでデザートである。そこで、腹ごしらえには別の場所の模索が必要だ。たとえば、少し暖かな日であれば、マーケットの一画にあるフードコートでさまざまな軽食をテイクアウトして、フォールスクリークに臨むウッドデッキでそれを食べるのも洒落ている（写真44）。定番のホットドッグやピザをはじめ、ホット・カップ・パイなどもお勧めである。寒い日であれば、もちろん屋内の座席から外を眺めることもできる。グランビルアイランド自慢のローカルビールを楽しむには、アイランド入口付近にある醸造所直結のビアレストランが良い。街中のリカース

写真42　フォールスクリークに浮かぶフローティングハウス（2008年8月）

写真43　フローティングハウスの郵便箱（2008年8月）

写真44　パブリックマーケットのウッドデッキ（2008年8月）

トア（日曜日は閉まっているので注意）では、ラベルデザインが個性的な瓶や缶のものが買えるが、ここではジョッキやピルスナーグラスで飲むことができる。エールと呼ばれる少し濃い目のものが美味しい。

三番目に「遊ぶ」ことについて。とりたてて絶叫マシンがあるわけでもないが、ここは子どもが一緒であれば、なかなか面白い場所である。アイランド入口に柳が美しい小さな公園があるが、その隣にはキッズマーケットというのがあり、この中には玩具、子供服、子ども洋品などを扱う店がたくさんある。子どもがアスレチックをしながら上下階のレベルを行き来できるような立体遊具もある。こうした場所では、子どもにとって言葉の壁はほとんど無いようで、訳の分からない言葉をお互いが交わしながら楽しく遊んでいる姿は、傍らで見ていても微笑ましいものである。親としては、こういう場合、先方の親を相手に無料で英会話レッスンが楽しめる絶好のチャンスである。また、子ども連れであれば、フォールスクリークの対岸（ノースサイド）に渡るアクアバスに乗ってみるのも面白い。わずか数ドルで絵本から飛び出してきたような小船に乗れるのだ。もちろん、大人だけで乗っても童心に戻ることができる（**写真45**）。

写真45　グランビル橋の近くに集まったアクアバス（2007年8月）

四番目に「買う」ことについて。食料品や食事を買うのは既に述べたが、アイランド全体を通じて、チェーン店やフランチャイズ店は皆無に近い。つまり、独立型の個人店が大半で、それゆえに個性的な商品が多く、店を巡っていても店内で品定めをしていても、目移りがして仕方がない。小洒落たアクセサリー、小さな彫刻、駆け出し作家の版画や絵画など、それぞれの客の好みで訪れる店は異なろうが、たとえ買わなくても見ているだけで面白い。英語には“I am just looking.”という便利な表現があるし、こちらの英語が完璧でなければ、幸い店員もしつこくない。そして、あなたが何を選んでも“Good choice!”と褒めてくれるのだ。

気分が良いではないか。

最後に五番目の「過ごす」について。これは短い時間をここで送るのではなく、できれば時計の針を気にせずに漫然と時間を浪費するのが究極である。スタンレーパークのところでも述べたように、バンクーバーに慌しい時間は似合わない。とりわけグランビルアイランドは珍しい品に溢れているので、それらを見ているだけで知らないうちに時間が過ぎて行く。フォールスクリークに張り出したウッドデッキで、ハトやウミネコに餌を与えるのも楽しいし、そこでラテンミュージックやジャズの生演奏、マジックショーが行われていることもある。バンクーバーで暮らしていた頃、私の家族は半日近くをここで過ごすことも多くあったくらいだ。また、二〇〇六年の春には、サマータイムへの切り替えを失念し、家族揃って帰国の航空便に乗り遅れるという大失態もあったが、そのときも迷わずここに直行した。「あぁ、乗り遅れたから、ここでゆっくりできたんだ」と変に満足したのは言うまでもない。

3　サウスサイド

●ヨーロッパ型の住宅地

フォールスクリークの南側（サウスサイド）には、二～三階建の集合住宅を主とした住宅地が広がっている。かつてはここも工業用地であったが、ノースサイドやグランビルアイランドと同様に、ウォーターフロント再開発の一環として住居機能の整備が図られた。そもそもサウスサイドは、東西方向に走る六番街 6th Ave. やその北側に並行する貨物線で旧来の市街地と区切られていたが、貨物線以北の地区が大変貌を遂げたわけである（**図4**中の43➡15ページ）。

この新しい住宅地は、六番街から数箇所の連絡道でつながっているものの、旧来の市街地とは独立したような静かな雰囲気に満ちていて、このコミュニティで暮らす家族の子どもたちが通学する、公立のフォールスクリーク小学校も地区内にある。住宅地内の街路は曲線や迂回ルート、クルドサック cul-de-sac（袋小路）を基本としており、碁盤目状の街路が多い北アメリカの一般的な市街地とは随分と様相が違う。街路パターンからみれば、むしろ郊外住宅地に近い。

しかし、この住宅地を一層個性的に感じさせるのは、住居それ自体の形態である。それこそ既に記した二〜三階建の集合住宅であるが、これらは変化に富んだデザインをまとっている。賃貸住宅も存在するため、高額所得者がセキュリティを高めて排他的に暮らしているという雰囲気は無い（**写真46**）。

その一方で、ここは庶民的過ぎる雰囲気も感じさせない。住宅地が小綺麗であるし、周囲の風景がサウスサイドを特別な場所に仕立て上げている。フォールスクリークの水面は波静かで美しく、風の無い日にはそこにノースサイドの高層集合住宅群の姿が映る。そして、日常の買物に自

写真46　フォールスクリークに臨む住宅（2008年８月）

動車は不要で、海沿いの道を散歩しながらグランビルアイランドのパブリックマーケットで食材を買えるのだ。そこには、非日常を日常化することの贅沢が存在している。

　この非日常性が際立つのは、黄昏時の空が夕焼けから紫に変わる頃から夜の闇に包まれるまでのトワイライトタイムである。バンクーバーの象徴の一つともなったノースサイドの夜景が徐々に輝きを増し、それは映画やビデオでみるマンハッタンの夜景を思わせる。こうした素晴らしい夜景には、スカイトレインのカナダラインの地下駅「オリンピック・ビレッジ」で下車すれば簡単にアクセスできる。

　レンタカーを借りていなくても、この駅で下車してフォールスクリーク沿いのトレイルを歩き、グランビルアイランドに至るルートは、これからのバンクーバーでは屈指の散歩コースになるだろう。もちろん、逆方向に歩いて駅から宿の近くに戻るのもOKだ。

●玄人好みで家族向きのバンクーバー

ここサウスサイドは、決して観光地ではない普通の人びとが暮らす街である。だから、限られた日程の短い滞在でわざわざ訪れるには少し時間がもったいないのも事実だ。ゆったりしてはいるが、スタンレーパークやグランビルアイランドのようなエンターテインメント性も少ない。しかし、家族連れであれば、地元の居住者に混じって地区内の公園でノンビリ過ごすのも悪くない。大人にとって観光スポットを巡ることや買物をすることが楽しくても、それが子どもにとって楽しくないことは意外に多いのだ。子どもの頃にデパートで親の買物に付き合わされて退屈した嫌な思い出は、今は大人になった大半の人の胸に残っているに違いない。

私も妻も買物（とはいえブランドショップ巡りには全く関心が無く、生活雑貨や食料品の買物）が大好きなので、稀に家族で海外に出てもこの癖を改めるのは苦痛ですらある。同行した子どもは全く面白くなく不機嫌になってくる。そうした、ちょっとヤバくなりかけた家族には、サウスサイドのような場所が不機嫌な子どもの特効薬になる。退屈して不機嫌になっている子どもの気配を感じたら、どこにでもあるような公園に行くのが良い。そこでブランコを漕いで遊ぶだけで、子どもは機嫌を取り直す。

このブランコが、また日本のものと異なっていて面白い。座面が大人の腰かヘソのあたりの高さにある。「危ないんじゃない？」と問う人がいるかもしれない。しかし、カナダ人の感覚からす

写真47　公園のブランコ（2008年８月）

れば「日本のブランコの方が危ないよ！」ということになる。彼らは、子どもが足を地面で擦って転倒する方が危ないと感じていて、親が近くで見ていれば高い座面は危なくないと感じるのである。だから、子どもをブランコに乗せるには、まず子どもを抱き上げて座面に座らせ、その子どもの背中を押すことが必要である。知らないうちに親子のスキンシップがとれていて、子どもも大人も笑うことになる（**写真47**）。

　こうした公園には綺麗に刈り込まれた芝が生え揃っていて、走り回って転倒しても痛くないし汚れない。そして、その芝の向こう側には、海沿いのトレイルで散歩、ジョギング、インラインスケート、サイクリングなどを楽しむ人びとが見え、水面の対岸にはガラス窓が綺麗な高層集合住宅が見える。こうした風景を眺めていると、あたかも自分がバンクーバーで暮らしているかのように思えてくる。だから私は、一人で仕事のためにバンクーバーに行っても、休日にはこうした場所に来る。「玄人好みで家族向き」と見出しにつけた理由が、何となくご理解いただけたと思う。贅沢な旅は、実は現地で暮らす異国の人と同化することにあるのではないだろうか。

5　ぶらぶら、らぶらぶ、市街地

カナダ連邦政府の重要政策に多文化主義というのがある。その骨子を分かりやすく説明すると、移民が形成したカナダ社会の中で異なる文化を尊重し合い、共生と相互発展を図っていこうということに尽きる。こうした社会環境の下、バンクーバーとその周辺にはさまざまな民族色を漂わせる空間がある。本章では、前章で述べた「普段着のバンクーバー」を一層掘り込んで、四つのエスニックタウンを訪ね、各々の特徴を紹介する。

次いで学校をショッピングセンターに改装した商業施設の工夫から、単に保存するのではなく使いつつ残す保全の素晴らしさを知る。そして、息を飲む邸宅街の凄味に触れ、都市構造のクラシックモデルに重ねて考える。色々と訪ねて疲れが出たところで、バンクーバー有数の「癒し空間」、三つのビーチでクールダウンもしてみよう。

1　エスニック・バンクーバー

●中国文化のある街

最近のバンクーバーでは、国際空港のあるリッチモンド市で中国系住民の増加が著しく、そこがニューチャイナタウンと呼ばれていることは既に述べた。しかし、元来のチャイナタウンは、バンクーバー市のダウンタウン東方にあって、そこはコミュニティそのものがチャイナタウンと称されている（図4中の51C⬇15ページ）。一九世紀末、この地に住み着いた中国系の人びとは、やがて二〇世紀初頭から同胞を増やし、工場での労働、雑多なサービス業や飲食業に従事しつつ経済力を強化した。そして、チャイナタウン東側のストラスコナ Strathcona 地区（ここは元来イタリア系住民が多かった）へも居住域を拡大させていった。また、チャイナタウンの隣接地（パウエル通り Powell St. 周辺）には、かつて日系人の集住地区も存在したが、第二次世界大戦中に日系人が強制移住させられたため、その地区にも勢力を拡大することになった。

様々なメディアをひもとくと、バンクーバーのチャイナタウンは北アメリカで第二位と書いているものと第三位と書いてあるものがあって混乱する。実のところは、面積と人口ともに第一位がサンフランシスコ、面積で第二位なのがバンクーバー、人口で第三位がバンクーバー（第二位はニューヨーク）というのが正しい情報である。まぁ、第二位にせよ第三位にせよ、バンクーバーのチャイナタウンは大きいし、カナダで一番大きいことは確かである。

ところで中国系住民の居住地域の拡大は、一九九七年の香港返還を見越して一九七〇年代から徐々に始まり、一九八〇年代から顕著になった。都市圏全体でみると、上で述べたリッチモンド市が中国系住民の増加では際立っている。一方、バンクーバー市の行政域に限ってみると、中国系住民の比率が高い地域は、チャイナタウンを中心とした狭い地域から、市域東半部で徐々に拡がり、その後は市域西半部をも侵食するように拡大していった。

こうした居住域の拡大は、中国系住民の経済力の蓄積を反映している。つまり、バンクーバーの住宅価格は総じて西に行くほど高く、居住地域が西に移動したり拡がったりすることは、高額な不動産を購入したり借りたりできるという社会経済的な地位の向上を意味するのである。保守的な白人がアジア系の台頭に不愉快な感情をもつことも多いようだが、今日のバンクーバー大都市圏の成長は、中国系住民の経済活動や社会的貢献を抜きにしては語れないといっても過言ではない。

しかし、いくら中国系住民の活動の場が大都市圏全体に拡大したとはいえ、中国文化が濃密に残っている代表格はチャイナタウンをおいて他にない（**写真48・写真49**）。リッチモンド市内の中国系店舗が多いショッピングセンターは確かにアジア的であるが、建物のデザインや周辺道路の雰囲気に北アメリカの香りが強い。他方、チャイナタウンでは、店舗や街路の雰囲気にも良い意味での猥雑さが確かに残っている。ただ、夕方や夜になると周辺の治安が極端に悪くなるため、慣れない人や女性だけでは決して行かない方が無難である。

写真48 漢字表記が添えられたチャイナタウンの道路名称表示
（2008年８月、ペンダー通りとカーラル通りの交差点）

写真49 チャイナタウンの象徴「千禧門」（2008年８月）

そんなチャイナタウンも日中に行けば活気に溢れた素晴らしい場所である。特に食料品販売店の多くは、中国の自由市場を思わせるような雰囲気を発散しており、客と店員の掛け合いを眺めているだけで面白い。我われ日本人は、外観からは同じアジア系で区別が付け難いため、店員や他の客から突然に中国語（多くの場合は広東語）で話しかけられることもある。だからチャイナタウンに行く時は「我是日本人（私は日本人です）」くらいは話せた方が良いかもしれない。もちろん英語で話してもOKだ。いずれにせよ、ここで反日的な中国系住民に会うことは稀である。「同じアジア人じゃない、仲良くしようよ」という雰囲気が感じられるのは異国にあって嬉しいことである。ただし、この地域ではスリや置き引きも多いようなので、身の回りの安全は自己責任であることも忘れずに。

●イタリア文化のある街

中国文化の項で述べたバンクーバー市域の東半部は、現地でイーストサイド、あるいはバンクーバー・イーストと呼ばれる庶民的な地域である。そこにはダウンタウンの怪しげな地域のような猥雑さは少なく、簡単に言えば「普通の住宅地」が広く展開している。しかし、市街地形成の歴史が相対的に古い主要道路の近くは、概ね商業地域になっていて「ちょいワル」な雰囲気がプンプン漂っている。イタリア系住民が多くリトル・イタリーとも称されるコマーシャルドライブ Commercial Drive も「ちょいワル」の典型のようなリボン状商業地である（**図3**中の51 I↓14ページ、**写真50**）。

ここは、一九世紀末にBC州の州都であったニューウェストミンスターへの鉄道がバンクーバーとの間に開通し、その鉄道に沿う道路の沿道に商業施設が集積したために名付けられた経緯があるようだ。ドライブ Drive というのは、ストリート Street（通り）やアベニュー Avenue（街路）よりも幹線道路的なイメージで理解すればよい。ただ、交通量の増加によって、今では自動車が円滑に流れないドライブも散見されるようになった。コマーシャルドライブもその例に漏れない。地元の人びと、といってもコマーシャルドライブ近辺の人びとや流行に敏感な若者たちは、親しみを込めてここを The Drive と呼ぶのが普通である。

写真50　サッカー中継を売りにしたイタリアンレストラン（2008年8月）

日本人であれば、コマーシャルドライブに行く前に、こことセットにして訪問すれば面白い場所がある。現地在住の日系人や日本人の御用達「ふじ屋」というスーパーがコマーシャルドライブの近くにあるからだ。場所は、クラークドライブClark Driveという道路が東一番街と交差する南東角である。この店では、日本直輸入の食材やお菓子をはじめ、無料配布される日系メディア、有料の日系新聞、日本の人気番組の録画ビデオ貸し出しなどが行われており、店内で買った寿司を食べられるコーナーもある。買物をしても外観が日本人であれば「〇〇ドル〇〇セントです」と日本語で話してくれる。

「ふじ屋」を出て、緩い坂道になっている東一番街の歩道を東へ向かうと、四筋目に交わる南北方向の道路がコマーシャルドライブである。ここは二〇世紀初頭からイタリア系住民が住みついたらしいが、その数が急増したのは第二次世界大戦後の移民受け入れ以降である。現在リトル・イタリーと呼ばれる領域は、東一番街をほぼ起点にして北は七ブロック、南は四ブロックほど広がっている。時間があれば全域を一時間半ほどかけて歩けばよいが、時間の余裕が無い場合は、東一番街との交差点からコマーシャルドライブを四ブロックほど往復すれば、ここの雰囲気を感じ取ることができる。

ここはマリファナ常習者の街としても知られる場所で、夜には酒を飲んだ若者たちが嬌声を上げている姿も多い。したがって、ここを旅行者が訪問するのは昼下がりから夕方がよい。夏の気だるい午後などは最高である。様々なイタリア食材を売る商店、サッカー中継をするTVを置いたパブなどを眺めながら散歩するのも楽しいし、思い切って飲食店に入ってイタリア料理とビールやワインを楽しみながら、リトル・イタリーを満喫するのも洒落ている。イタリア語が全く駄目でもOK。アルファベット圏の人びとは英語で日常生活を送っているケースが多いからだ。

最初のあたりで触れた「ふじ屋」もそうなのだが、コマーシャルドライブの周辺は、かなり多くの文化が混在していて、バンクーバーがコスモポリタンシティであることを実感できる。そしてここは、レズビアンの街としても知られており、こうしたことに自由な風土を味わえる。東欧やアジア各地からの移民も多いコミュニティなので、世界各地の文化を街角で探すのも面白い。第1章で述べた一九九五〜九六年のバンクーバー滞在中、私が家族で居住していた家の大家さん夫妻は、ご主人がバンクーバー生まれのイタリア系二世で、幼少の頃のコマーシャルドライブの思い出を何度か話してくれた。そして、私がここを訪ねた話をすると、いつも彼は目を細めて喜ぶのだ。

●インド文化のある街

バンクーバーを南北に貫くメイン通りMain St.は、「バンクーバーの東半部（イーストサイド）と西半部（ウェストサイド）を分ける道路」と紹介されることが多い。実は、メイン通りの西側二本目の道路であるオンタリオ通りが東西の境界なのだが、メイン通りはバス路線があって分か

写真51　パンジャビマーケットの道路名称標示
（2008年８月、メイン通りと50番街の交差点）

りやすいので、誤った紹介が横行するのであろう。そのメイン通りをバスや自動車で移動していると、一種異様な雰囲気の街角がある。美しいサリーで装った女性、ターバンを巻いた男性が多く行き交う街は、ここが明らかにethnic enclave（民族の飛び地）であると一見して分かる。場所はメイン通りと東四九番街～東五〇番街を中心とした地域で、一帯はパンジャブ（パンジャビ）Panjabi マーケットと呼ばれている（**図3**中の51P⬇14ページ、**写真51**）。

チャイナタウンでは道路名の表示に漢字が併記されているが、ここでは知識が無くてはとても読めないパンジャブ文字が道路名の表示に添えられている。それだけでも異国情緒に溢れているが、バンクーバー市がオリンピック開催に間に合うように、メイン通りと東五〇番街の交差点に道路を跨ぐインド門 India Gate を建設するというプランが二〇〇八年四月に発表された。ただ、二〇〇九年六月にここを訪問した折にはほとんどその兆しを見出せなかったので、かなりの突貫工事が予想される。この門は既に百年以上前から定着したインド系住民に対する敬意のシンボルと性格付けられている。こうした意思表明は、カナダ連邦政府が誇る多文化主義 Multi-Culturalism とも同調するので、自治体としても推進しやすかったのであろう。

ところで、この地域では多くのターバン男性を見かける。バンクーバーに限らず、北アメリカの諸都市ではターバンを巻いたインド系男性がタクシーの運転手をしているのも珍しくない。それは日本人が持つ「ターバン＝インド人」というイメージにピッタリである。千円札を折り込んで作る「ターバン野口」というのが流行ったのも記憶に新しいし、これもブームとなったインド式数学の書籍にもターバンを巻いた男性の姿が描かれることが多かった。しかし、インドで最大勢力の宗教であるヒンドゥー教の信者には、宗教的な意味でターバンを巻く習慣が無い。ターバンをまとうのはパンジャブ地方で多くの信徒を持つシク Sikh 教の信者である。シク教はヒンドゥー教と同様に輪廻転生を信じるが、イスラム教の影響を少なからず受けており、ヒンドゥーの教義にあるカーストを否定する。このあたり、我われはインドに対するステレオタイプのイメージを修正しておかなければならない。

シク教徒は寺院への参拝を日常生活に取り込んでいるため、彼らはシク寺院の近辺に集住する傾向がある。パンジャブマーケットの近くにもシク寺院がある。イスラム寺院を思わせるネギ坊主のような装飾が印象的なシク寺院は、サウスイースト・マリンドライブ SE Marine Drive 沿い

写真52　ターバンを巻いた衣料品店の店主
(2008年8月)

のナイト橋の近くにある。同じような寺院はバンクーバー大都市圏内の各所にあり、その周辺でインド系住民が集住していることも共通している。スカイトレイン・エクスポラインの終点から南方に進んだサレー市内でもインド系住民が目立つ。

　パンジャブマーケットの衣料品店は、外から眺めているだけでは真髄を知ることはできない。思い切って中に入ってみると、色とりどりの民族衣装が山のように陳列されており、品定めをする女性の真剣な眼差しが印象的だ。衣料品の品揃えで女性に分があるのは洋の東西を問わないらしい。とある衣料品店に入って店主に「あなたと店内の写真を撮っていいですか?」と問いかけると快諾してくれた(**写真52**)。私が「日本の京都から来た」と話すと、店主は「京都は素晴らしい都市だ。私も日本の神戸に住んでいたことがあり、何度か京都を訪問した。神戸は港町で山も美しく、バンクーバーでも、時おり神戸のことを思い出す」と答えてくれた。こういう場所で母国のことを褒められると本当に嬉しい。

●ギリシャ文化のある街

バンクーバーで暮らしていた頃、そのうちの八ヶ月間、我が家は西一一番街の三二〇〇ブロックで戸建住宅のグランドフロア（一階）を借りていた。その家の大家さんは、先に述べたイタリア系のご主人とオランダ系の奥様、そして当時二歳であった娘さんの三人家族であった。私たちは今でも家族ぐるみの付き合いをさせてもらっているが、それは現地で生まれた私の長男と先方の娘さんが小さな外交官の役割を果してくれて、奥様から近所の商店街の店舗情報や子供服のバーゲン情報を教えていただけたことが大きい。その商店街がウェストブロードウェイであった（**図3**中の51G➡14ページ）。

バンクーバーの街路の呼称システムは、基本的に東西方向の街路が番号で呼ばれ（W.52nd Ave. など）、南北方向の街路が固有名詞で呼ばれる。しかし、東西方向の街路のうちの数本は固有名詞で呼ばれており、ブロードウェイもその一つで位置的には九番街にあたる。ウェストというのは、番号が付される街路と同様、オンタリオ通りから西側の部分を指している。その中でもギリシャ系住民の ethnic enclave（民族の飛び地）的な様相を呈するのが、マクダーナル通り McDonald St. とブレンハイム通り Blenheim St. の間である。我が家は西一一番街とブレンハイム

写真53 「パルテノン」という名のギリシャ系スーパーマーケット（2009年6月）

通りの交差点の近くだったので、ウェストブロードウェイでギリシャ文化と触れ合うのが、ありふれた日常であった。私や妻はこの商店街が大のお気に入りで、私はこのコミュニティでの生活の思い出を、記憶としてではなく記録として残すために学術論文を書いたほどだ。

ここがギリシャ系住民のコミュニティとして確立したのは第二次世界大戦後である。ヨーロッパからのギリシャ系難民がバンクーバーに転入し、多くの人びとが同じ文化を共有すべく、この地に居を定め商店や飲食店の経営を始め、それが一層の転入者を呼び寄せるという経過をたどったのである。イタリア系の項の一部で触れた「ふじ屋」に相当するような食料品店、そしてギリシャ料理を提供するレストラン（**写真53・写真54**）などが集積し、独特の風情を醸し出している。これらの店舗では、日系店舗もそうであるように、現地の情報を満載した有料・無料のギリシャ語メディアを配布している。午後のカフェでギリシャ文字の新聞を読む老人を見ると、字面からして全員が高名な哲学者に見えてしまうから不思議なものだ。

　ただ、我われ日本人から見れば、ギリシャの特徴についての知識を少しは持っておかなければ、ギリシャ系店舗を見出すことは難しい。そこで、多少は判別が簡単な飲食店について述べてみよう。まず、看板や店名の表示に注目したい。それがギリシャ国旗の青と白の組み合わせを基調にしたものであれば、そこはほぼ間違いなくギリシャ系店舗である。そして記された文字フォントが、ギリシャ文字風に歪められていれば、これもほぼ間違いなくギリシャ系店舗である。

写真54　ギリシャ文字に似せた書体で店名を掲げたギリシャ系レストラン（2009年６月）

　ギリシャ系の飲食店では、本格的なギリシャ料理を楽しめる。カナダには典型的なカナダ料理というのが無いため、各民族集団のエスニック料理が一般化しているケースが多い。ギリシャ料理であれば、肉の串焼きであるスーヴラキ Souvlaki、ナス・ひき肉・ジャガイモなどを重ね、ベシャメルソースをかけてオーブンで焼いたムサカMoussakaなどを、ショッピングセンターのフードコートでも食べられる。他方、ウェストブロードウェイのギリシャ料理店では、味に深みが感じられるばかりか、紙皿やプラスティックのフォークでないため、食べていて充実感がある。ギリシャ文字の新聞や雑誌を読む人が居れば一層サマになるし、何といっても少し黄みがかったクレタ島産の白ワインはギリシャ料理を引き立ててくれる。英語に自信がなくても、キツラノKitsilanoと呼ばれるこの地区は他の民族も多く混住しているため、怪しい英語でも笑顔で聞いてくれる店員が多い。

とくに季節が初夏や夏であれば、気だるい午後から夕方にかけてがベストタイムだろう。ダウンタウンのような華やかさは無いが、ゆったりと少し洒落た普段着の生活が感じられる点で、ウェストブロードウェイはバンクーバーらしさが強く実感できるお勧めスポットである。ここから住宅地を北に向かえば、およそ一〇分で海を望む住宅地に出る。そこから右へ向かえばキツラノビーチ、左に行けばジェリコビーチである。どちらのビーチもバンクーバーらしさが滲み出ている素晴らしい場所である。ウェストブロードウェイから海岸へ向かう途中の住宅地には、豪邸でもなく庶民的でもない家々が建ち並んでいて、時間をかけて醸成されたコミュニティの良さを感じさせてくれる。今でも私が時折夢にみる懐かしく素晴らしい街並みである。

2　シティスクエア

●学校がショッピングセンターに変身

スカイトレインのカナダラインが開通して、ブロードウェイ・市役所という駅が設けられた。国際空港駅方面から見れば、オリンピックビレッジの一つ手間の駅にあたる。これら両駅の駅間は五〇〇メートルほどしかない。なぜ、このような計画がなされたのか。それは、将来ブロードウェイの地下にスカイトレインのミレニアムラインが延長されてくる計画があり、カナダラインとの接続が想定されているためである。ブロードウェイ（九番街）から市役所の表玄関がある一二番街までは、キャンビー通りの急な坂を上らなければならないのに、一二番街に駅が設けられなかった理由も、このような計画を知っていれば納得がいく。駅の開業時に設けられた市役所への出口には、エレベーターで地上まで出られるバリアフリー構造のものがある。

バンクーバー市役所の威風堂々たる建物とキャンビー通りを挟んで相対するのが、シティスクエアというショッピングセンターである（図3中の52➡14ページ）。先に述べたシンクレアセンター（➡85ページ）と同様、ここは北アメリカでよく見かける通常のショッピングセンターとは異なり、スペシャリティセンターという種類の施設である。歴史的建造物を活用した開発手法も、ガラスで構成されたアトリウムの妙が見られる点も、シンクレアセンターに酷似している。こうした歴史的建造物は、その数奇な過去を知っていれば現在の姿が一層際立つ。元来オフィスビルであったシンクレアセンターも面白いが、シティスクエアは実に学校がショッピングセンターに転用されたという稀にみる珍しい施設である。そして、現在もいたるところから、かつてここが学校であった面影を感じ取ることができる。では、学校に始まるシティスクエアの略史はどのようなものであったのだろうか。

市役所の側から見ると、シティスクエアは右手に古い建物、左手に新しい建物があり、これらが大きなアトリウムで接合されている（**写真55・写真56**）。古い建物が学校であったことを知っていれば、新しい建物のある場所が校舎周辺のオープンスペースであったことは簡単に想像できよう。そして、古い建物は、市役所から見て東側（前方）と西側（後方）とに分かれている。

東側の建物はノーマルスクール Normal School という学校であったもので、この学校は新規採用の小学校教員の教育トレーニングを担当していた。建物の完成は一九〇八年なので、既に一〇〇年以上前からの歴史が内包されている。他方、西側の建物はモデルスクール Model School と呼ばれた学校のもので、こちらは一九〇五年に完成しているのでノーマルスクールよりも僅かではあるが歴史が長い。モデルスクールは、新規採用後の教員が教育実習を行っていた。採用後に教育実習があったことは、現在の日本における教育制度とは異なっている。このような事実から、ノーマルスクールとモデルスクールは、日本の教員養成系大学（学部）と附属小学校に類似したものであったといえよう。

これら二つの学校は、建物デザインの統一が図られ、ともにキューポラを持った石造りの優美

写真55　学校の面影を残すシティスクエアの外観（2007年8月）

写真56　アトリウムで新旧の建物を接合したユニークな内部（2007年8月）

な建物である。しかし、両者のたどった歴史は少し異なっている。まずノーマルスクールは、一九五六年にBC州の教員養成が全面的にUBCへ移されたため閉校し、それ以後しばらくは州政府のオフィスとして活用された。他方、モデルスクールは、一九六三年に閉校して翌年から中学校の分校となり、これが一九七〇年にコミュニティの音楽学校へと変わった。この音楽学校も一九七六年には閉校し、教育委員会が二つの学校の建物解体を市役所に対して申請する事態となった。

しかし、双方の建物とも一九七九年に歴史的建造物に推薦され、解体は実質的に不可能となった。モデルスクールの一部を一九八五年に火災で焼失したものの、翌一九八六年にはノーマルスクールの建物とともに、二つの学校建築が歴史的建造物に正式指定された。こうした指定までの道程には、これらの建物を愛する市民や卒業生らによる熱心な運動があったようだ。そして、指定から三年後の一九八九年、これらの建物は従前のままの状態で保存されるのではなく、南側に新築された建物二棟を含めて、四つの建物がアトリウムでつながれて現在のシティスクエアとなった。かつて若者や子供たちの声が溢れた学校は、多くの市民が自由に出入りできるショッピングセンターとして見事に再生された。

●都心でも郊外でもない面白さ

シティスクエアは、都心でも郊外でもなく、その中間部に位置する一種微妙な場所にある。周辺の住宅地は一〇〇年前後の歴史を持っており、近所から徒歩で買物に訪れる客は年配の人びとが目立つ。それゆえに、若い人びとが多い郊外ショッピングセンターに比べれば、落ち着いた大人の雰囲気がある。インテリアはヨーロピアンテイストを基調にしていて、それが強烈な個性になっている。しかし、施設内には青果を扱うファーマーズマーケットやスーパーマーケットも入居しているため、衣料品店が主体のシンクレアセンターのような荘厳さは希薄で、普段着的な軽妙さに溢れている。ここは、大きな買物袋をたくさん持つよりも、小洒落たマイバッグに少量の品を入れて歩くのが似合うショッピングセンターである。

それでは、その内部を探索してみよう。市街地内のショッピングセンターなので、駐車場は全て地下に設けられている。この駐車場は一定時間を過ぎると有料になるシステムである。駐車場は三層（二層目と三層目は少し狭い）になっており、地上とはエレベーターとムーベーター（日本ではオートウォークと呼ばれているもの）で結ばれる。一階と二階は、それぞれロワー lower とアッパー upper と呼ばれ、そこにはスーパーマーケットを含む小売店、フードコートとオフィスが入居している。三階がレストラン、スポーツジムや専門学校になっているが、ここのレストランは海鮮物を多用する中華料理店で、味も素晴らしくダウンタウンほど騒がしくないので穴場的な存在である。中国系の人びとの結婚披露パーティーに出くわすことも多いので、私の味覚に誤りは無いと思う。

一階 lower と二階 upper に対し、三階より上は学校の建物を利用した北側の二棟が遺産 heritage、新しく建築された南側の二棟がタワー tower と呼ばれている。ここのフロア（日本式でいうところの三階）を 2nd floor と呼ぶあたりが、英国的なカナダらしさを感じさせる。タワーの四階（3rd floor）以上は事務所なのだが、その多くがバンクーバー市役所の一部になっている。行政が率先して再開発を手がけ、その一部に入居して商業施設と同居するのは、日本では考え難い柔軟さである。商業施設を低層部に入居させて役場が上階にある例は、カナディアンロッキーの観光拠点であるバンフ Banff でも見られる。市民や観光客からみれば、用が無い時の役所ほど無粋な建物はない。それが上階にある建物の構造は、地上レベルの空間が多くの市民や観光客に開かれていることを意味するのではなかろうか。

シティスクエアの周囲、とりわけ開店前に北側のオープンスペースに設置されたベンチに座っていると、この建物が学校であった伝統や誇りが伝わってくる。私は、この時間のこの空間が好きで何度も訪れているが、ある時に建物の写真を撮っていると、高齢の女性から語りかけられた。高齢の人びとは、先方から話しかけてくる場合は時間を持て余していることが多いのか、下手な英語でも親切に懸命に相手をしてくれる。

「これは私が学んだ学校です」

「ショッピングセンターに変わってどう思いますか？　がっかりしなかったですか？」

「いいえ、全然。嬉しいわ。だって毎日毎日、自分の学校に来られるのですもの」

「お幸せですね」

「ありがとう。良い一日を」

「あなたも」

自分が年老いた時に、友人や恩師たちと過ごした学び舎が、たとえ別の用途に転用されていようとも、思い出の姿を保って活躍していれば、やはり嬉しいに違いない。私は、自分の質問に恥じ入りながら、その場を離れた。「また来よう！」この決意は、その後もここに来る度に重ねられている。

3　ザ・クレセント

●高級住宅地の迫力

日本で常用されるカタカナ語と本来の英単語との違いが分かる人ならば、次のような会話は決してしないはずである。

「あなたは、どのような家に住んでいるのですか？」

「私はマンションに住んでいます」

つまり、日本で「マンション＝集合住宅」であるのに対し、欧米の多くの国や地域でマンションといえば大邸宅を指すからである。イメージとしては単に大きな家ではなく、高級住宅地に建つ邸宅でなくてはならない。もう少し分かりやすくいえば「こんな家、いったいどんな人が住んでるの？」と聞きたくなるような家、それが英単語のマンションの正しい意味である。稀にシャトーのような荘厳を極めた超高級集合住宅がマンションと呼ばれることはあっても、北アメリカでの集合住宅は、既に述べたようにコンドミニアムあるいはそれを略したコンドと呼ばれるのが通例である。


こうした話を聞くと「『本物のマンション＝大邸宅』を見てみたいなぁ」という気持ちが自然に湧いてくる。バンクーバーとその近傍には、こうした大邸宅街がいくつかあるが、バンクーバー市内ではショーネシー Shaughnessy（シャーナシーに近い発音をする人もいる）地区のザ・クレセント The Crescent に面する住宅街が圧巻である。ザ・クレセントとは、高台の上にあるロータリー状の街路で、直径が一〇〇メートル前後はあろうかという芝と樹木に溢れた公園（ショーネシーパーク）が真ん中にある。バンクーバー市街地の地図を広げて、グランビルアイランドから一キロ半ほど南側をみると、碁盤目状の街路が不規則に歪んでいる一画がある（図3中の53➡14

ページ）。多色刷りの地図であれば、その中で確認できる楕円形の緑色の部分がショーネシーパークである。このあたり一帯は、一八八五年に州政府からＣＰＲ（カナダ太平洋鉄道）が土地を入手し開発を始めた。街路の名称に定冠詞のTheが付くあたり、The Daisoの「ザ・文房具」などに親しんだ方にはピンとこないかもしれないが、英語の文法からして名前そのものに凄味がある。この周囲の住宅地は個々の敷地が広く、日本風に言うと数百坪から千坪前後の、高級以上の超級住宅地である。

ところで高級住宅地と言えば、最近では高等学校の地理教科書でも、都市構造に関するバージェス、ホイト、ハリスとアルマンによる古典モデルがしばしば紹介される。しかし、私の知る限り、これらの古典モデルの高級住宅地は正しく教えられていない。専門的な地理学の知識はさておき、教室では「これらの高級住宅地は、日本で似たような例を挙げると、東京の田園調布、阪神間の芦屋のようなものです」と教えられているようなのだ。それは大きな誤りである。古典モデルに描かれた高級住宅地は、いま紹介しているザ・クレセントのような住宅地に該当し、決して郊外へ向かう鉄道沿線にあるものではない。東京でたとえれば松涛、南麻布や白金のイメージに近く、決して田園調布や成城の雰囲気ではない。関西でたとえても同様で、帝塚山のイメージであり、芦屋や学園前のそれではない。

ここまでの読まれた読者は、おおむねザ・クレセントの位置を想定できるであろうが、ここから中心業務地区CBDは遠くない。おおよその道路距離で三キロ半、一時間もあれば余裕で歩ける距離である。本物のエグゼクティブは、当該都市の心臓部から近い場所に居を構え、face to face の対人関係を尊重しながら、活動的な日常を過ごしているのではなかろうか。

●周辺環境の大切さに感じ入る

最近のバンクーバーや周辺地域を巡るツアーには多種多様なものがあるようだ。時折、静かなザ・クレセントの一画に観光バスが停車し、そこから観光客が出てきて邸宅街を散策する姿も見かけるようになった。仮にバンクーバーを詳しく知らない日本からの観光客がこうしたツアーに参加した場合、おそらくザ・クレセントのロータリー状街路に入る前から、周辺環境の素晴らしさに舌を巻くに違いない。前項にも記した不規則な街路がみられる地域は、都市計画上の用途地域指定において一般的な戸建住宅地とは異なった一層厳しい規制下にある。つまり、ここの生活環境は、しっかりと法的サイドからも守られている。

そうした基盤ゆえに、ザ・クレセントのみならず周辺のショーネシー地区の大半が、垂涎の上品さと静謐さをたたえた住宅地である。住宅のデザインはもとより、敷地を囲む生垣やフェンスにも重厚さが感じられ、成金的な派手さがほとんど無い。緩やかな曲線を描く街路は、路上から遠方を見たときに街路樹や住宅地内の樹木の緑が重なり合って、まさに森の中にいるような錯覚にさえとらわれる。夏に雨が少ないバンクーバーでは、この期間の木陰は涼しく、木漏れ日は筆舌に尽くし難いほど美しい。住宅地の中で森林浴ができるのだ（**写真57・写真58**）。

一般的な市街地では、バックヤードに面するレーン lane から駐車場スペースに入れるのを面倒

写真57　ザ・クレセントの邸宅の例（2008年８月）

写真58　ザ・クレセントの周辺道路（2008年８月）

がって、多くの居住者が自宅前の街路に路上駐車をしている。しかし、このあたりの住宅は街路から直接入れる車庫を持っている場合が多い。したがって、路上駐車が少なく、街路が障害物の少ない美しい状態に保たれている。

ザ・クレセントの西側には、住宅地の静寂からは想像し難いほどの活動的な街路が南北に通じている。それがパンアメリカンハイウェイ（南北アメリカ大陸を縦断する壮大な道路、この区間は九九号線）の一部を構成するグランビル通りである。とくにザ・クレセントにもほど近い西一六番街からウェストブロードウェイに至る間は、サウス・グランビル・ライズと呼ばれていて、高級ブティックや画廊などが目立つ。道行く人も流行に敏感で裕福なように見え、少し俗っぽい表現だがセレブな雰囲気が漂っている。グランビル通りは幹線道路であるため、路線バスをはじめとする通過交通も多く、雰囲気は異なるが性格的には東京の表参道に近い。セレブとはいえ都心ではないので、決して東京の銀座とは明らかに違う場所である。

このように周辺の環境も住宅地の価値を高めるのに役立っている。そして、そこには住宅地と商業地の相互補完関係も存在する。ただ、さしものザ・クレセントも居住者の高齢化に伴う活動力の低下を随所に漏らすようになった。街路樹の落葉が綺麗に片付けられていなかったり、大邸宅が数軒に分割されて共同住宅化しているものもある。それでも、今なお邸宅街としての強い気品は失われておらず、ここを訪れる度に私は「こんなところの家に住んだら世界が変わって見えるんだろうなぁ」と不可能な夢を見てしまう。

4　キツラノビーチ、ジェリコビーチ、ロカルノビーチ

●「好意」が「愛」に変わる場所

本章1の「ギリシャ文化のある街」で述べたウェストブロードウェイから北へ約七〇〇メートル、およそ一〇分も歩けば海岸の住宅地に至る。そこから更に東へ一キロほど歩を進めると、遠方にはウェストエンドやスタンレーパーク、さらにその向こうにはウェストバンクーバーの山々を望む砂浜に出る。ここがバンクーバー市民から親しまれているキツラノビーチである（図3中の54K➡14ページ）。広い砂浜には丸太を転がしたベンチ、夏であればビーチバレーのためのコートも設けられ、人びとが思い思いの時間を過ごしている。

キツラノはKitsilanoと記すが、言葉の響きからして英語起源でないことがすぐに分かる。この地名は先住民の村長であるカッツァラーノ（アルファベットではKhatsalanoと記す）に由来している。彼らが保護居住区に移住させられて以降、その美しい景観が好まれてバンクーバー市内有数の優良住宅地が周辺に築かれた。かつての邸宅の多くは、とくにダウンタウンに近い東寄りの部分が中層住宅地区に指定されたことから、三階建てアパートに建替えられたが、一部の邸宅は

そのまま残って内部を分割して共同住宅になっているものもある。いずれにせよ、相応の年月を経ているので、これらの家賃は若年層にも負担できる水準にあり、UBCの学生や若い研究者、周辺のサービス業に従事する若者などが多く居住している。

若い人びとは文化や流行を創造する役割を果し、彼らがキツラノという地名に親しみを込めて略したキッツ Kits という通称は、今やバンクーバー市民の会話で常用されるようになった。また、ウェストブロードウェイと並んでキツラノ地区の商業地域をなす西四番街には、若者を対象にしたセンシティブな店舗も多く、それが一層この地域の人気に拍車をかけている。他方、ウェストブロードウェイの項でも触れたように、古くからの住宅地に暮らし続ける中高年も多く、落ち着きと新しさが同居するユニークな生活環境の基盤となっている。日本国内で類例を探せば、京都市内の学生街に近い雰囲気があろうか。

こうしたコミュニティの人びとは、例外なくキツラノビーチを愛しているといっても過言ではない。秋冬こそ犬の散歩をする人が稀に見られるくらいだが、長い雨の季節から陽光眩い春になれば人びとが徐々に増え、日が長い夏になればビーチにも、その西端にある屋外プールにも人びとの嬌声が溢れる。七月下旬〜八月上旬にイングリッシュ湾対岸のサンセットビーチ周辺で開催される花火大会の折には、ウェストエンドの夜景と同時に花火の美しさに酔いしれることもできる。そして、この花火大会が終わると、バンクーバーの夏には少しずつ秋の気配が忍び寄ってくる。晴天の日は、かろうじて夏らしさを保っているが、曇天や雨天の日には肌寒さを感じたり、朝晩には「ずいぶん涼しくなったなぁ」と感じることも珍しくない。

また、キツラノビーチの西は海岸線まで住宅地に覆われているが、一キロほど進むと、芝と樹木が美しい公園に出る。その海岸部は当然ビーチになっておりジェリコビーチ Jericho Beach と呼ばれる。ここも発音からして英語起源の地名ではない。原住民の言葉でジェリコとは「素晴らしい場所」「よい場所」などの意味があるそうだ。そしてその西端あたりは、特別にロカルノビーチ Locarno Beach と呼ばれる。ロカルノは一九二五年にドイツ、フランス、ベルギーに国境画定をもたらしたロカルノ条約の締結地として知られる、アルプス南麓でイタリアに近いスイスの小都市の名称に由来する。平和や調和への願いから名付けられたのであろう。ジェリコビーチ、ロカルノビーチと西に進むにつれて、遠望できるスタンレーパークやウェストエンドは小さくなるが、手前の地形的な障害物が無くなるため全体を見やすくなる。加えて、人の数は徐々に減り、静かで落ち着いた雰囲気が増してくる。

四季の移ろいが明瞭なバンクーバーにあって、キツラノビーチ、ジェリコビーチ、ロカルノビーチは、当地の素晴らしさを増幅して伝えてくれる（**写真59・写真60・写真61**）。「バンクーバーが好き」と当地が気に入った人は、観光地ではないが「市民憩いの場」である、これらのビーチに行ってみるとよい。いつしか「好き」という感情が「愛している」に変わっていることに気付くはずだ。「好意」が「愛」に変わる場所。そこは、隣に気になる人が居ても、自分の感情を伝えるには格好の舞台になることだろう。

写真59　ビーチバレーに興じる人びと（2008年８月）

写真60　ゆったりとした時間が流れるキツラノビーチの午後（2009年６月）

●何もしないことの贅沢

現地で一九九五年から一九九六年にかけて暮らした我が家では、残念ながら「自分の感情を伝える」という瑞々しさにときめくようなシーンとは無縁であった。しかし、その開放的で広い風景が私は好きで、UBCから自宅に戻る途中に回り道をしてキツラノビーチ、ジェリコビーチ、ロカルノビーチを訪れることが珍しくなかった。自分が研究フィールドの一つに定めていたウェストエンドが遠望できることは、「必ず成果を活字にする」という決意を一層強くしてくれたし、丸太のベンチに腰掛けて新しいプランを練ることも楽しかった。

写真61　都市と自然の共存、これぞバンクーバーの魅力（2009年6月）

夏にプールで泳いだり、浜辺でビーチバレーでもしない限り、このビーチにはぼんやりと過ごす以外にほとんどすることがない。だから「いつも楽しいことをしていないと我慢できない」というノンストップ型の忙しい人には勧められる場所ではないが、スタンレーパークやフォールスクリーク・サウスサイドと同様に、ゆったりとバンクーバーを全身で感じるという贅沢は、何ものにも代え難い素晴らしい思い出になる。先ほど記したように、私はキツラノビーチの素晴らしさを熟知していたので、ここを一九九六年二月に誕生した初めての子どもである長男の「公園デビュー」の地に選んだ。それは、彼の出生から約二週間少し後、二月末の晴れた日のことであった。

我われ夫婦は、交代で慣れないベビーカーを押して西一一番街の住まいからキツラノビーチまで歩いた。ベビーカーだけとは違う僅かな重さの増し具合に、我われは自分たちが親になった喜びに加えて責任の重さも感じた。ビーチに着いてベビーカーを覗き込むと、家を出発した時には眼を覚ましていた息子は、グルグル巻きのタオルと防寒着に包まれて眠っていた。ベビーカーの細かな振動が眠気を誘ったのだろう。ビーチの近くあった早咲きの桜（おそらくヒカンザクラの一種であろう）は、日本人である我われに「公園デビュー、おめでとう！」と祝福してくれているように見えた。そして、そこで何もしない早春の時間を楽しんだ。意外と温かな日であったことを、私は今でも鮮明に覚えている。

在外研究からの帰国前、我われ夫婦は新生児用のものから少しだけ大きなベビーカーに乗り換えた長男も連れて、三回にわたって開催された花火大会を遠望するため、各回ともにキツラノビーチまで散歩した。帰国前の名残惜しさもあったが、何度行っても飽きない魅力がそれ以上にあった。そして「自分がこの街で生まれたことを理解できるように成長した長男を連れて、いつかキツラノビーチに戻って来たい」というのが大きな願望になった。

二〇〇八年八月、私は自分の調査旅行にコピーや荷物番の助手として長男を同行させた。長男はその年に早くも中学一年生に成長していたから、これからは父親と二人での旅行よりも友人とのそれを選ぶだろう。

折角の機会なので、無事に調査を終えて帰国前日に長男を連れてキツラノビーチとロカルノビーチに行った。夏の太陽は夕方になってもまだ高く、ビーチバレーに興じる人びとが多かった。私は「ここは、お前を最初に外出で連れてきた場所だ」とだけ言って、遠くまで歩き回らないように命じ、彼から離れて自分の仕事のための写真を撮った。色々な思い出を父親が長々と語るより、その糸口を与えて自分で感じてほしかったからである。彼が何を思ったのか、詳しくは聞いていない。ただ「またバンクーバーに来たい」と話してくれたので、ここに連れてきて良かったのは確かである。

6　郊外へ

バンクーバーの郊外にも魅力的なスポットが点在している。本章では、第2章で紹介したスカイトレインに乗って、二つの見どころを訪れてみる。一つはBC州最大のショッピングセンター（SC）であるメトロポリス。ここでは、SC規模世界一をめぐる競争についても全地球規模で触れる。もう一つは、衰退から再生を果し、いま再び翳りが見え始めたニューウェストミンスターの栄枯盛衰をみる。持続的発展を目指す大都市圏の中に、こうした都市があっても不自然ではない。また、バンクーバーの南隣、リッチモンド市にあるオートモールとフィッシャーマンズワーフも紹介する。前者は自動車ファンなら垂涎の場所で、世界規模での日本車の素晴らしさが分かる。後者は日系人ゆかりのスティーブストンという集落にある。

1　メトロポリス

●BC州で最大のショッピングモール

昨今のショッピングモールの巨大化は地球規模で普遍化している。我われが日常的に使う大規模小売商業施設そのものが、いつしかショッピングセンターよりもショッピングモールと呼ばれるようになった。後者は、滞在時間が長くても飽き難い「施設全体が一つの街」というイメージを開発コンセプトにしているようだ。日本の場合、こうした動きの先頭を切っているのがイオングループの全国展開戦略であることは、買物に関心が無い人でも感覚的に分かるだろう。

そのイオンが二〇〇八年、埼玉県越谷市にオープンさせたレイクタウンは、ショッピングモールが駅を開設させたことで話題となった。この国内最大ともいわれるショッピングモールの床面積は約三六万㎡である。既に行ったことがあり、施設の大きさに舌を巻いた方もおられるのではなかろうか。そのレイクタウンに規模では及ばないが、バンクーバーの東隣の自治体バーナビー Burnaby にあるメトロポリス Metropolis（正式には Metropolis at Metrotown という）は、BC州で最大のショッピングモールである（**図1**中の61➡9ページ、**写真62**）。数次に分けて拡張されてきたが、一九八九年に全ブロックが完成した段階で、床面積は約二三万㎡となった。私がバンクー

写真62　キングスウェイ側からみたメトロポリスの外観（2007年8月）

バーで暮らしていた一九九五～九六年頃、これほど大きなものが日本には無かったので、いかに買物好き（とはいえブランド物には興味無し）な私でも驚愕した。

　このように日本から見ても、今やメトロポリスは規模的に驚くほどのものではない。レイクタウンだけでなく、関西でも二〇〇八年、兵庫県西宮市に約二五万㎡の西宮ガーデンズが開業し、ここもメトロポリスの規模を超越している。しかし、こうした規模のものが既に一九八〇年代末に存在したことは、やはりショッピングモールが極度に発達した北アメリカならではである。ちなみに駐車収容台数は、レイクタウンが約八二〇〇台であるのに対し、メトロポリスは約八五〇〇台である（西宮ガーデンズの駐車収容台数は約三〇〇〇台に過ぎない）。「レイクタウンは駅と一体化しているので駐車場は少なくていいのさ」という方もおられようが、メトロポリスもスカイトレイン・エクスポラインのメトロタウン駅と一体化している。したがって、施設規模の割りには多い駐車収容台数は、カナダが日本以上の自動車社会であることを如実に示しているといえよう。

駐車場は、地上（屋外）、パーキングビル、そして地下二層式のものからなる。外部からアクセスする時は意外と地下駐車場に入るのが簡単である。ただ、地下駐車場は二層式になっているうえ両層の構造がほぼ同じで、さらに駐車場のロットが極めて複雑な斜め方向の組み合わせになっているため、自分が駐車している場所を入念にチェック（できれば記録）しておかないと、慣れないうちは買物から戻ってきても自分の自動車を探すのに難渋する。現地の人びとでも困る場合が多いのか、鍵の遠隔操作でアラームを鳴らす人が稀にいて、近くの自動車のクラクションが突然に大音響を出して驚かされることもある。

そもそもメトロポリスは、バンクーバー大都市圏を総括する行政機関のＧＶＲＤ（＝Greater Vancouver Regional District の略称で、二〇〇七年にメトロバンクーバーに改称）が、自らの事務所ビルをバーナビー市に建築し、その周辺にショッピングモール、企業オフィスや図書館を配置し、さらにスカイトレインの駅やバスターミナルを結合させた巨大タウンセンターを築いたのが由来である。バンクーバー大都市圏をリードする商業と行政の核であることから、当初は一帯がメトロタウンと命名され、スカイトレインの駅名もメトロタウンと名乗っている。

写真63　ふんだんに外光を取り入れるメトロポリスの内部（2007年8月）

●レジャーとしての買物を楽しむ

メトロポリスでの買物は楽しい。確かに北アメリカのショッピングモールにありがちなワンパターンの雰囲気はある（写真63）。しかし、現地ではアンカー anchor と呼ばれる日本で言うところのキーテナントが各ブロックの末端部に複数入居しているので、通常のショッピングモールのように特定企業の影響力が強過ぎない。したがって、欲しいものを探す時に「ここに無ければ、あそこにあるかも…」という視野の広い買い回りが可能である。これが難しい通常サイズのショッピングモールでは、欲しいものが見付からない時は、車を運転して別のモールに移動しなければならない。「確か、今のモールにあった○○ショップのライバル店は△△モールにあったはずなので…」と思案しつつの移動を余儀なくされるのだ。

自動車で移動しないで済む魅力、それは屋外駐車場も多い北アメリカのショッピングモールでは、雨の多い季節に一層高くなる。バンクーバーとその周辺では一〇月～翌年二月がそういう季節だ。しかも、カナダのショッピングモールは、その大半でデパートと食品スーパーが同居している。メトロポリスもその例外ではなく、三つの大型スーパー（The Real Canadian Super Store、T & T Supermarket、Save on Foods）が入居している。モールには食品スーパーが稀であるアメリカ合衆国のケースとは随分違うが、日本人の感覚からすればカナダ的なモールの方が馴染みやすいのではなかろうか。

モール内を歩く人々を観察していると、着飾った人は少なくカジュアルないでたちの客が多い。恋人同士や家族連れも目立つが、母親と子どもだけという組み合わせは日本より少なそうだ。日本では「妻子は買物、俺は車で競馬や野球のスポーツ中継」という父親をよく駐車場で見かけるが、そういう人はほとんど居ないように見受けられる。私も彼らの気持ちはよく分かる。買物は楽しいので、車の中に残っているなどもったいない！

さて、折角の大きなショッピングモールだ。ここは日本からの旅行者にとっては、レンタカーを借りている人も公共交通機関やタクシーで移動している人も、既に述べたように誰もが接近しやすい魅力がある。帰国前に立ち寄って、バンクーバーの人びとが日常的に食べている食品、普段に着ている服などを買うのに適している。ただ、服の場合、カナダ製の品を探すのは至難の業で中国製のものが多い。したがって、中国の人たちへの土産でない限り、カナダでデザインされているものはOKと割り切ることも大切である。カナダ製にこだわるなら菓子などの食品がベストかもしれない。

行きの機内や空港で、多くの人に配る土産を買う必要はない。メープルシロップもメープルクッキーも日本のスーパーで売っている。土産は自分自身やごく近い人へのものだけで十分である。いつも私はカナダのカジュアル&スポーツブランドの衣料を数点（このうち何点かは現地滞在中に着始める）、バンクーバーにしか無い子供服ブランドなどを買う。NHLの地元人気チームであるバンクーバー・カナックスのロゴが入ったものも面白い。極めつけはパンやマフィンである。たいてい私はお気に入りのスーパーでたくさん買い込んで帰国するので「B級グルメ、ここに極まる！」と笑われる。しかし、本格的なベーグルを帰国後に食べていると、のびのびして美しいバンクーバーの情景がクランベリーやシナモンの香りとともに甦るのだ。それは、ブランドマニアの人たちからすれば不可解な行動だと馬鹿にされるかもしれない。でも、その方が私にとっては心地よい贅沢なのである。

ワインもお勧めである。「カナダ=アイスワイン」のイメージが定着しているが、BC州のオカナガンバレー（バンクーバーからカナディアンロッキーに向かう、迂回コースの途中）はブドウ産地でワインの銘醸地である。日本では入手し難いうえに味も悪くない。赤も良いが、どちらかと言えば辛口の白をよく冷やして飲むと美味しいブランドに巡り会いやすい。ラベルはイタリア的でデザインの美しいものが多い。ＶＱＡというラベルがあれば相応の評価基準を満たしているので「ハズレ」は少ない。私は決してワイン通ではないが、高価なものだけが美味しいのではないことをよく知っている。酒のウンチクは悪酔いするので、ここから先は実際に購入する読者諸氏の判断に任せたい。

●どうなるショッピングモール世界一をめぐる争い

本節の冒頭でも述べたように、ショッピングモールの巨大化は今や地球規模である。とりわけ「世界一」という座を巡っての攻防は留まるところを知らず、かつてカナダのアルバータ州のウェストエドモントンモール（床面積＝約五〇万㎡、駐車収容台数＝約二〇〇〇〇台、以下では数値のみ記載）は、一九八一年から二〇年余にわたってギネス記載のタイトルを保持したものの、二〇〇四年に中国北京市に金源時代モール（約五五万㎡、約一〇〇〇〇台）がタイトルを剥奪した。しかし、それも一年だけのタイトルで、二〇〇五年には同じ中国の広東省東莞市に華南モール（約六六万㎡、約一〇〇〇〇台）がオープンして世界一の座に就いた。それも束の間、また世界一のタイトルは動く。二〇〇八年、アラブ首長国連邦にドバイモール（約一一〇万㎡、一四〇〇〇台）が完成したのだ。正方形で考えれば一キロメートル四方を上回る床面積なので、想像を絶する巨大さである。

このように世界一をめぐる争いは留まるところを知らない。メトロポリスのリーフレットには

「BC州で最大」と記されているが、世界を意識した記述は皆無であり、巨大であっても奥ゆかしさが感じられる。世界一の高さを誇るビルが中国とドバイで争われているように、今後はショッピングモールでも規模で世界一を競う闘いが両国間で展開されるであろう。「アラブのオイルマネー」対「中国の人口パワー」の競争である。我われは不毛な争いから一歩引いて、本当に欲しいものや必要なものを冷静に選択できる賢明な消費者でありたいものだ。買物は買う瞬間よりも選んだり迷ったりしている間が、そして選んだ品の良さを実感した時が、プレゼントした品を喜んでもらえた瞬間が、それぞれ本当に楽しいものだから。

2　ニューウェストミンスター

●州都からの転落と再生

バンクーバーのダウンタウンからスカイトレインのエキスポライン（ミレニアムラインでも可）に乗ってメトロタウン駅を過ぎると、しばらくして進行方向右側の視界が大きく開ける。やがて線路の右下側を覗くと貨車に溢れたヤード、その向こう側にはゆったりと流れる河川が見える。我われはバンクーバー東隣のバーナビーを過ぎて、その先にあるニューウェストミンスターNew Westminster に踏み入れたのだ。大きな河川は、鮭の遡上で有名なフレーザー川の本流である。この都市は起伏の多い中心市街地がコンパクトにまとまっているし、歴史ある場所でもある。通り抜けるには惜しいので、ニューウェストミンスター駅で下車してみることにしよう（図1中の62➡9ページ）。

冬季オリンピックを契機に改装された駅を出ると、この市街地に急勾配の道路が多いことに驚かされる。スカイトレインの路線があるあたりは、地形学的に見ると傾斜変換線の部分で、そこから市内の主な住宅地に行くには、つま先上がりの急勾配を上がらねばならない。逆にフレーザー川側は、細長い低平地に道路や貨物線がひしめいていて、それをオーバークロスするための歩道橋もある。貨物線には踏切もあるが、カナダの貨物列車は長編成のものが多いため、仮に遮断機が下りれば、面倒でも歩道橋を渡った方が目的地に早く行ける。

どことなく古びたムードは、かつてここがBC州の州都であったことに根差している。その起源は一九世紀半ばのゴールドラッシュに遡る。当時、現在のカナダ西海岸では、バンクーバーは海辺の一寒村に過ぎず、白人たちの生活拠点はこの地にあった。そして一八六〇年七月一七日、当地はビクトリア女王からニューウェストミンスターと名付けられ、五大湖以西の現カナダ領で最初の都市となって、周辺地域を統括する首都の座についた。しかし、ゴールドラッシュは長続きせず、バンクーバー島にある現在の州都ビクトリアへの遷都が一八六八年に実施された。

首都の座は失ったものの、この地は依然として高い中心性を保っていた。一八九二年にはファーマーズマーケットが公式に設置され、フレイザーバレーの商業中心地としての地位が固められた。そうした矢先の一八九八年九月一〇日、ニューウェストミンスターに突然の悲劇が訪れた。大火災が発生し、ダウンタウンの大半が炎に舐め尽されたのである。この頃のバンクーバーでは、先に述べたギャスタウンがその姿を整えつつあり、大火災を契機として両都市の地位逆転が決定的となった。

大火災からの復興は早く進んだが、バンクーバーが商業中心地としての機能を高めていく中で、この地はバンクーバーと商業で競り合うよりも、生産・流通機能を強化していくことに活路を見出した。フレーザー川の河岸には、製材工場や魚介類の缶詰工場、そして倉庫が数多く立地し、外洋にまで出る船舶が岸壁を忙しく出入りした。ファーマーズマーケットは、一九四七年まで最も河岸に近いフロント通り沿い、一九四八～八二年の間はフロント通りより一本内陸寄りのコロンビア通り沿いで営業し、地元の人びとから親しまれた。これが一九八三年から再びフロント通り沿いに戻り、フレーザー川に面した倉庫などが活用された。後述するウェストミンスター・キー・パブリックマーケットの原型である。

●中心市街地がアップタウンと呼ばれるのはなぜ？

もう古い話だが、アメリカ合衆国を代表するシンガーソングライターのビリー・ジョエル

Billy Joelによる一九八三年発売のアルバム「イノセント・マン An Innocent man」に「アップタウン・ガール Uptown Girl」という作品が収録されている。軽快なリズムで、郊外の高級住宅地に住む令嬢に恋焦がれる、中心市街地に暮らす男の心情を歌った歌である。この英語の歌詞を見ると、ダウンタウンを下町、アップタウンを山の手と訳したくなるが、地理学の知識が少しある人ならば、ダウンタウンを中心市街地か都心（少し学術的な香りがするのでポップミュージックの歌詞としては街中（まちなか）とするのが一層良い）、アップタウンを近郊または郊外と訳すのが穏当であると分かるはずだ。そもそもダウンタウンというのは、お金や人が流れ込む中心市街地の商業地域を指す米語で、英語ではシティセンター City Centre に近い概念である。したがって、アップタウンはダウンタウンに相対する反意語で、近郊または郊外と訳すべきなのである。

しかし、スカイトレインの駅（ニューウェストミンスター駅やコロンビア駅）から北西側に急坂を上った平坦地や緩傾斜地の主要街路には、商店が軒を連ねている一画があり、このあたりは商業地がアップタウンと呼ばれる珍しい地区となっている。もちろん、通常の都市の都心商業地のような場所は、傾斜の途中のロイヤル街 Royal Ave. に見出せる。

今日では、スカイトレインの駅の近くにコンドが多く建ち並び、ロイヤル街にあるカフェやパブも夕方には相応の客の入りだが、どことなく寂しい雰囲気が感じられるのは、この都市に強力な経済活動が無いことが響いているからに違いない。アップタウン周辺の住宅地（大半が古い戸建住宅）に住む人びとも、買物帰りに急勾配の街路を上るのは億劫であろうし、仮に自動車を運転して坂を下っても、無料で駐車できる場所はほとんど無いので、自動車利用の場合は駐車場が無料のショッピングセンターやスーパーを利用しているのではなかろうか。

●哀愁漂うパブリックマーケット

かつてのファーマーズマーケットの系譜を引くウェストミンスター・キー・パブリックマーケットは、スカイトレインのニューウェストミンスター駅から歩道橋でコロンビア通りと貨物線を一気に跨いだ先にある。

私がバンクーバーで暮らしていた一九九五～九六年にかけて、我が家は時折このマーケットを訪ねた。大型のショッピングモールには無い「ほのぼの感」に溢れていたし、傍らを流れるフレーザー川の流れが開放的で清々しい気分にしてくれたからだ。ところが二〇〇三年の春、久しぶりにバンクーバーを一人で訪れた私は、パブリックマーケットの衰退に目を覆うほど驚いた。マーケットそのものに店が減っていたし、二階にあるフードコートでも店が減っているのは同じであった。こうした事柄が重なって、すっかり活気が失せていたのである。フレーザー川の流れは変わらないのにマーケットが大きく変わってしまった。

私は外に出て、大好きだった河畔のウッドデッキを歩いた。以前には無かった大きな衛兵人形、その先にはクラシックスタイルの客船を模したカジノが出来ていた（写真64・写真65）。おそらくそれらで客集めを図ったのだろうが人気《ひとけ》は多くなく、どうみても事業が成功していないことが明らかだった。マーケットは購買客が多くなければ、とくに青果品は鮮度が悪く見えるし、買物を

写真64　パブリックマーケットと巨大衛兵人形（2007年８月）

写真65　船舶を活用したカジノ（2007年８月）（現在は廃業しており船も無い）

していても楽しくない。マーケット内の青果店主に尋ねても、「良くないねぇ。お客さんが少なくなったし、ファーマーズマーケットがショッピングモールの多くに出来たから…。メトロポリスにも入っているでしょう、ファーマーズマーケット。自分もいつまでこの店を続けるか迷っていますよ」とのことであった。

妙に寂しく決して楽しくないと分かっていても、それ以降も私はバンクーバーに行く度に、このマーケットを訪ね、ウッドデッキを歩いている。成長著しいバンクーバー大都市圏にあって、ここのように衰退する地区が少しあっても不自然ではないし、むしろそれが普通であろう。大都市圏の内部での栄枯盛衰を見て、その要因を探ることは、私にとって楽しいゲームのようなものである。ここのパブリックマーケットは、スカイトレインで来ても歩道橋を渡る必要があること、駐車場が有料であること、地元の人びとが歩いて来るには、多くの場合に坂の上り下りがあることなど、店舗立地に不利な条件が幾つか考えられる。ただ、その衰退を味のある哀愁と感じられるのならば、雄大なフレーザー川の流れ、斜張橋でそれを渡るスカイトレインに感心しつつ風に吹かれるのは、少なからぬリフレッシュになる（二〇一四年現在はスカイトレインのニューウェストミンスター駅が再開発で一新され、プラザ88という商業施設と一体化している）。

3　リッチモンド・オートモール

●自動車ファンのパラダイス

日本では自動車を運転する大半の人が、次のようなセールストークを聞いた経験をお持ちであるに違いない。

「お客様、もうすぐ車検ですが、交換しないといけないパーツも増えて参りましたし、今後は益々の修理費が発生してくる恐れもありますので、そろそろ次の新車をご検討になられてもよろしいかと…。今なら当店自慢でお客様に是非とも乗っていただきたい○○がお安くできます。お客様のステイタスに相応しい愛車選びをぜひ私どもに…」

こうした提案に「放っておいてくれ！」という客は少ない。購入店舗との付き合いはあるし、「家族の趣味に合わせるよりも自分の好きな車に乗りたいのっ！」というのは自動車好きなら誰にでもある本能のような欲求であるからだ。一方、サービス内容が極度に気に入らないディーラーでない限り、あっさりと「今度は別メーカーのにします。お世話になりました」という客も珍しいだろう。少なくとも私の周囲にそういう人はほとんど居ない。多くのディーラーは、客が他社や他店へ逃げないようにサービスの手を尽くしてくるし、それを振り切ってブレないほど意志が強い客は少ないからだ。よほど欲しい車が決まっていない限り、別の店で買うのには決断と信念が要る。このように客がディーラーに囲い込まれている日本では、ディーラー数社が互いに接近している場所はあっても、数社が集まってディーラー街を形成している例は皆無に近い。

そうしたディーラー街を北アメリカではよく見かける。バンクーバー大都市圏内にも数箇所あるが、リッチモンド・オートモールもその一つ。アクセスのしやすさからして、「オートモール」を見学してみたい」という人には最適であろう。北アメリカの自動車販売の主流がどのようなものなのか、自動車好き、自動車業界関係者のみならず、社会見学としてもお勧めの場所である。社会見学と言っても、ここには「お勉強」の雰囲気も無いし、強烈なセールス攻勢に引いてしまうことも無い。こちらから「見てるだけ I'm just looking」と言っても、まず不機嫌になられることはない。大抵は微笑んで「ごゆっくり Take it easy!」と返してくれる。

リッチモンド・オートモールは、バンクーバー市の南隣、国際空港のあるリッチモンド市の中央から少しだけ北寄りにある（図1中の63➡9ページ）。完成したのは一九八五年なので、既に新しい施設ではない。道路地図で探す時は、バンクーバーからフレーザー川を渡るナイト通り Knight St. を南下し、この道が東西方向に伸びるウェストミンスター・ハイウェイ Westminster Hwy に出会う交差点の北西側を見ればよい。リング状の道路になっている部分がオートモールである。モールとはいえ、自動車ディーラーがリング状道路の内外にロットを並べているので、通常のショッピングモールのように室内に店舗が並んでいるわけではない。ここには、今回の取材を行った二〇〇八年八月時点で一五のディーラーが入っていたが、私が初めてここを訪れた一九九五年一〇月のフィールドノートには「ディーラーの店舗数一三軒（うち二軒は複数メーカー取扱い）」と記されている。ディーラーの場所や主要取扱いメーカーにも、両年次間には大きな変化がある。

写真66　オートモール・サービスセンター（2009年6月）

モール内の道路は反時計回りの一方通行で、その理由をある店舗で尋ねると「各店舗に出入りしやすく、衝突事故も少なくできるから」とのことである。モールの一画には、モールのセンターオフィス（**写真66**）があり、ここではナンバープレートの配布、日本の車検に相当するエアケア（排気ガス検査）の手続き、自賠責保険の取扱いなどが行われている。自動車を購入したり、数ヶ月リースしてもらう時は、このセンターを購入店舗の店員とともに訪ね、ここで登録や保険関係の支払いをしてナンバープレートを選ぶ。私が一九九五年に自動車を一〇ヶ月リースしてもらった時は、番号が見えるように数枚のプレートを扇形に並べ、そこから選んだ番号を前後用に二枚もらってディーラーに戻り、プレートを装着してからそのまま運転して帰るという簡便さであった。なお、北アメリカのナンバープレートは、カナダでもアメリカ合衆国でも地域色のあるデザインが面白いが、BC州のものは純白の地色に青い文字が書かれたシンプルなデザインで、イラストなどは一切無い。ただ、プレート上端に添えられたBeautiful British Columbiaという標語が誇らしげである。街中で時折見かけるデザインプレートは、希望ナンバーを買う時のもので、オリンピック開催までは寄附金を含んだ特別限定デザインのものもある。

このような自動車関連の話をするのも楽しいが、日本車でも日本とは車名が異なっていたり、日本では販売されていない色のものがあったりして、眺めているだけで面白い。レンタカーなどの交通手段が無くても、リッチモンドセンターというショッピングモールから、平日は一二往復、土曜日は八往復の無料シャトルバスがある。自動車が好きな人ならば、書店で雑誌を見るだけでは物足りないはずなので、足を運んでみてはいかがだろうか。

●日本車の存在感

モール内を歩くと、日本メーカーの自動車を扱う店舗が最も目立つ（**写真67・写真68**）。二〇〇九年四月時点の最新ホームページで確認すると、その数は六店舗（トヨタと日産は、それぞれレクサスとインフィニティを別店舗で展開）で、ちょうど店舗総数の四〇％を占める。トヨタ系二店舗、日産系二店舗の他は、ホンダとマツダが出店している。他国のメーカーを多い順に並べる

写真67　トヨタ代理店（2009年６月）

写真68　ニッサン代理店（2009年６月）

と、アメリカ合衆国が三店舗（クライスラー、フォード、GM）、ドイツが三店舗（アウディ、フォルクスワーゲン、メルセデス）、英国が二店舗（ジャガー、ローバー）、そして韓国が一店舗（ヒュンダイ）であった。

参考までに一九九五年一〇月の状況では、当時一三の店舗のうち二つのメーカーの自動車を並行販売する店が二店あったが、メーカーの本社所在地ベースで取り扱い店舗数（複数メーカー取扱店はダブルカウント）を数えると、やはり日本が首位であった。その数値は、日本が七店舗（トヨタ系二店舗、日産系二店舗、スバル、ホンダ、マツダ）、アメリカ合衆国が五店舗（クライスラー二店舗、フォード二店舗、GM）、ドイツが二店舗（フォルクスワーゲン、BMW）、スウェーデンが一店舗（ボルボ）であった。両年次間で比較すれば、日本メーカーはスバル（富士重工）が撤退しているが、アメリカ合衆国のメーカーの退潮が一層鮮明であると判断できる。隣国のカナダでこの状態なので、燃費で分の悪いアメリカ合衆国の自動車メーカーが、二〇〇八年秋の金融危機以降に経営基盤の脆弱さを露呈したのもうなずける。

オートモールで話をしていても、日本車を扱うディーラーはもちろんのこと、他の客と雑談していても「日本の自動車は素晴らしい」「トヨタのプリアス（現地ではプリウスはこのように発音される）がどうしても欲しいのに、タクシー会社がごっそり買っていくので、注文しても四ヶ月から半年待ちだ」などの声を聞く。ホンダも日本でのインサイトの成功で今後に攻勢をかけるであろうし、トヨタはパワーアップしながら燃費改善を実現した新型プリウスを二〇〇九年に発売した。日本のハイブリッド技術は、環境に対する意識の高い北アメリカにあって、彼らのロハス志向と呼応して、自動車業界のフロントランナーになっている。

このような世界最先端の技術だけでなく、日本メーカーは細やかな心遣いを惜しまない。多くの方がご存知の通り、距離や速度の表示がカナダとアメリカ合衆国とでは違う。カナダはキロが基本、アメリカ合衆国ではマイルがベースである。しかし両国は長い国境線で接しており、自動車の往来も激しい。したがって、多くのメーカーの自動車がキロとマイルの両方を表示しているが、日本メーカーは当該国で常用されている方の数字をアナログメーターの外側に大きく表示する速度計をいち早く装備していたと聞く。

なお、BC州では既に述べたように車検制度が無く、エアケアという排ガス検査があるだけである。安全点検や修理は、依頼すれば自動車関連会社が代行してくれるとはいえ、全て使用者・運転者の自己責任である。自動車のナンバープレートの一画に「11」や「Feb」のようなシールが貼付してあるのは、エアケアの最終期限の日付である。ナンバープレートに貼ってあるので、違反抑止効果が抜群に高そうである。

4　リッチモンド・スティーブストン

●スティーブストンへの道

オートモールが現代リッチモンドの象徴の一つなら、リッチモンドの歴史を最も色濃く残す地区がスティーブストンである。ここはリッチモンド市域の南端の近く、フレーザー川本流の河口付近に位置している（図1中の64➡9ページ）。このスティーブストンは、日本との関係が極めて強い集落として「知る人ぞ知る」という有名な場所である。

この集落は現在でこそ周辺にコンドも増え、バンクーバーの郊外住宅地の一画を占めるようになったが、第二次世界大戦前までは数多くの日本人が祖国をあとに移住した。彼らの多くは和歌山県の出身で、その出身集落も限定的であったようだ。それは御坊市の西にある美浜町の三尾集落である。三尾というよりもアメリカ村と言った方が有名な集落である。そもそも、アメリカ村の「アメリカ」は「北アメリカ」を指すもので、そこへ多くの移民を輩出したために、このような名称で呼ばれているわけだ。そして、この「北アメリカ」の目的地がカナダBC州のスティーブストンであった。移民たちは漁業、造船業や食品工業（魚類の缶詰）などに携わり、当地での稼ぎの一部が出身地の三尾へ送金された。

第二次世界大戦の最中、彼らは「太平洋岸から百マイル以遠」という条件に従って内陸の強制収容所に送られた。バンクーバーのダウンタウンにある旧ジャパンタウンと同じ状況である。ただ、旧ジャパンタウンの人びとは戦後に大半が分散したのに対し、ここスティーブストンの人びとは再びフレーザー川の畔に戻ることが多かったと聞く。私が初めてスティーブストンを訪れた一九九五年の一〇月にも、港に停泊する漁船の幾つかが和風の名称をかざしていた。日本との何らかの縁があって名乗った船名であることは明らかである。

では、スティーブストンにはどのようにして行けばよいのか。簡単で、しかも風景を満喫できるコースを紹介しよう。ただし、レンタカーなどの自動車が必要である。

まず、バンクーバーからオークストリートブリッジを渡ってリッチモンドに入る。最初のランプウェイでハイウェイから降りて、約八〇〇メートル先の信号を斜め左方向に左折する。スカイトレインのカナダラインが高架で見えるので、それを目印にして曲がればよい。曲がった道路はナンバー3ロードと呼ばれるが、これを道なりに先へと進む。スカイトレインの終点のある場所がリッチモンドセンターという市内有数のショッピングモールである。先述したオートモールへの無料バスもここから出ている。ここを過ぎてもさらに真南に直線を進む。徐々に郊外の色彩が濃くなっていくのに気付くだろう。左折した交差点から五キロ少しで、スティーブストン・ハイウェイという道との交差点に出る。そこから先は、用途指定で農地が大半なので、ここは日本風に言うと市街化区域と市街化調整区域の境界に相当する場所である。

カナダの農地は経営規模が大きいため、日本の水田地帯とは雰囲気が違っている。トラクターなどの農機具も大きい。一〇月末のハロウィーンの直前になると、オレンジ色をした例のカボチャが道の脇に積まれていたりするのも風情がある。農地を両側に見ながら走ること数分で、ナンバー3ロードは突然に終わる。その先は、あのフレーザー川の雄大な流れで、このあたりの川幅は二キロ近くある。右折して少し行くと河畔に駐車場がある。ここからは晴れた日であれば、アメリカ合衆国ワシントン州の山々も川越しに遠望できる。雄々しいものではないが、ゆったりと大きな自然を実感できることだろう。

なお、スカイトレインのカナダラインの開通後は、終点のリッチモンド・ブリグハウス駅で路線バスに乗り換えても行けるようになった。

●日系人ゆかりの地

河畔の駐車場からフレーザー川に並行して下流側（西側）へドライブすると、船溜りになっている漁港があり、その港の部分で岸壁に沿うように進めば左手に木造の古い建物が見えてくる。ブリタニアン・ヘリティッジ・シップヤード Britannia Heritage Shipyard だ。ここは一九九三年に古い造船所を活用して開館した、スティーブストンの産業や歴史を展示する施設になっていて、復元された船や造船道具を見ながら当地の歴史が学べるようになっている。この地で活躍した日系人の名前も明記されていて、彼らに対する敬意の厚さを知ることができる。

さて、道を挟んだ反対側（進んできた道路から見れば右側）には、広く美しい芝の広場を持つ平屋の建物がある。この建物も日系人ゆかりの施設で、その名をトメキチ・ホンマ小学校 Tomekichi Homma Elementary School という（写真69）。フランス語のイマージョン教育で有名な公立小学校で、遠方からの入学希望者も多いそうである。校章も日本の家紋風で、正面玄関は神社建築を思わせる端正なデザインだ。本間留吉は千葉県鬼越村（現在は市川市の一部）の出身で、日系カナダ人の選挙権獲得に奔走した情熱の人である。この小学校が一九九一年に開校した際、氏の功績を称えて名前がそのまま学校名となった。綺麗な芝の校庭は周囲の住宅地との明瞭な境界も無く、遊具も学校のものなのか児童公園のものなのか判別できない。

写真69　和風テイストをデザインに取り入れたトメキチ・ホンマ小学校（2009年６月）

写真70　日加文化センターも入居する武道センター（2008年8月）

この小学校から少し北に進むと、東西方向に伸びるモンクトン通りMoncton St.に出る。この通りを西へ五〇〇メートルも進めば、右手に幾つかの公共施設が見えてくる。そしてその先（西側）には、スティーブストンパークという遊具が多い公園もある。ここには立派な日本建築の「武道センター」があり、そこに「日加文化センター」が入居している（**写真70**）。定期的に柔道・剣道や茶道・華道が教えられているようだ。傍らの図書館には、私が初めて訪れた一九九五年の秋には日本語の書籍も比較的多く見かけたが、二〇〇八年の夏に訪れた時はほとんど見かけなかった。日系人も三世や四世と世代を重ね、日本語書籍の必要性が低下してきたのかもしれず、どことない寂しさを禁じ得ない。公園の周囲にある住宅地内には、Hayashi、Yoshidaなどの日系人の姓に由来する街路があるくらいなので残念である。

●フレーザー川を眺める至福のひととき

公園の先でモンクトン通りを左折するとフィッシャーマンズワーフの近くに出る。周囲には無料駐車場も幾つかあるが、週末ともなれば無料駐車場はほぼ満車状態で、時間制限付きの路上駐車スペースの世話になるケースが多い。それでも、このフィッシャーマンズワーフでは、新鮮な魚介類を漁船から直接買ったり、最高にこの地らしいフィッシュ&チップスを楽しめる（**写真71**）。この料理は素朴な味なので、グルメを自認する人には強く勧められないが、私は家庭料理のような味が好きで、バンクーバーに来ると必ずここに立ち寄ってしまう。この施設が完成したのは一九九〇年なので、既に歳月を経て落ち着いたたたずまいになっている（**写真72**）。

写真71　フィッシュ＆チップスとサラダ（2007年8月）

春～秋の天気が良い日であれば、ウッドデッキの上で陽光を浴びながら食べるのが快適だ。停泊する漁船、その向こうをゆったりと流れるフレーザー川

写真72　フィッシャーマンズワーフのウッドデッキとレストラン（2007年８月）

も絵になっている。レストランの周辺にも衣類や雑貨を売る店があり、これらの多くが海を意識した品揃えなので、マリンルックが好きな人であればしばらく居ても飽きないだろう。もとよりスティーブストンは漁港であり、そこで水揚げされた魚類を缶詰にする食品加工がリンクして維持されてきたところなので、海やフレーザー川とは切っても切れない関係がある。

ある時、私はフィッシャーマンズワーフで、地元の人とおぼしき、少し酔っ払った初老の男性から話しかけられた。調べもので出掛ける時も、私は常宿を拠点にして身軽な格好でフィールドに出るので、先方が近くに住んでいる者と勘違いしたのかもしれない。

「あなたは日系カナダ人か？」

「違います。英語が下手でしょう？」

「確かに上手くないな。家族は居るのか？」

「日本に妻、息子、娘が居ます。息子は一九九六年にバンクーバーで生まれたのですよ。妻は優子 Yuko、息子は創 Hajime、娘はあすか Asuka と言います。で、僕は貴志 Takashi、呼び難ければタック Tak と呼んでください」

「タック、それは素晴らしい。ところで、あなたはジュードー（柔道）をしているのか？」

「いいえ、していませんよ。なぜ？」

「私の友人に日系カナダ人が何人かいる。Yuko も Hajime もジュードーの言葉だから…」

我われは顔を見合わせて笑った。彼の眼差しは優しく、日系人に対する親愛の情に溢れていた。第二次世界大戦が激化していく中、強制収容所に送られる日系人や彼らを見送る地元の関係者はどのような気持ちであったのだろうか。全ての白人たちが日系人に親しみを感じていたとは思えないが、厚い信頼関係を築いて家族ぐるみの付き合いをしていた人びともいただろうに。そんなことをふと考えてしまうほど、現在のスティーブストンは、平日は穏やかで週末は賑やかな時間の中にある。そうしたギャップに戸惑いながら先人たちの生活を偲ぶことは、私にとっては一種の巡礼のようなもので、いつもスティーブストンに吸い寄せられる。そして、ここを後にする時「また来よう」と思ってしまうのだ。

160p.
Punter, J. (2003) *"The Vancouver Achievement: Urban Planning and Design"* UBC Press, 447p.
Snyders, T. and O'Rourke, J. (2001) *"Namely Vancouver"* Arsenal Pulp Press, 301p.
Wade, J. (1994) *"Houses for All: The Struggle for Social Housing in Vancouver, 1919-50"* UBC Press, 248p.
Wynn, G. and Oke T. (eds.)(1992) *"Vancouver and Its Region"* UBC Press, 323p.

Kluckner, M. and Atkin, J. (1992) "Heritage Walks around Vancouver" Whitecap Books, 246p.

Kluckner, M. and Atkin, J. (2003) "*Vancouver Walks: Discovering City Heritage*" Steller Press, 191p.

Koroscil, P.M. (ed.)(1991) "*British Columbia Geographical Essays: in Honour of A. Macfherson*" Department of Geography, Simon Fraser University, 294p.

Ley, D. (1980) 'Liberal ideology and postindustrial city' *A.A.A.G.* 70-2, pp.238-258.

Ley, D. (1981) 'Inner-City Revitalisation in Canada; A Vancouver Case Study' *The Canadian Geographer* 25-2, pp.124-148.

Ley D. (1992) 'Gentrification in Recession: Social Change in Six Canadian Inner Cities' *Urban Geography* 13-3, pp.230-256.

Ley, D., Tutchener, J. and Cunningham, G. (2002) 'Immigration, Polarization, or Gentrification? According for Changing House Prices and Dwelling Values in Gateway Cities' *Urban Geography* 23-8, pp.703-728.

Lees, J.T. (2005) "*Vancouver Landmarks: Architectural and Historical Details*" JAEDA Communications, 64p.

Macdonald, B. (1992) "*Vancouver: A Visual History*" Talonbooks, 84p.

Marlatt, D. (1975) "*Steveston Recollected: a Japanese-Canadian History*" Aural History, 104p.

MapArt (2008) "*British Columbia Pocket Road Atlas*" Peter Heiler Ltd., 99p.

MapArt (2008) "*2009 Greater Vancouver & Fraser Valley Towns*" Peter Heiler Ltd., 516p (some blank included).

Petrie, B. (1995) "*Mole Hill Living Heritage: An Early History of Vancouver's Oldest Intact Block of Housing*" The Mole Hill Living Heritage Society, 95p.

Philipson, C.L. (2008) "*Vancouver: A Visual Portrait*" Whitecap Books,

Atkin, J. (2005) "*SkyTrain Explorer: Heritage Walks from Every Stations*" Steller Press, 120p.

Bauder, H. and Sharpe, B. (2002) 'Residential Segregation of Visible Minorities in Canada's Gateway Cities' *The Canadian Geographer* 46-3, pp.204-222.

Berelowitz, L. (2005) "*Dream City: Vancouver and the Global Imagination*" Douglas & McIntyre, 275p.

Bodegom, V. (1992) "*Bicycling Vancouver*" Lone Pine Publishing, 223p.

Bourne, L. and Ley D. (2002) "*The Changing Social Geography of Canadian Cities*" McGill-Queen's University Press, 487p.

Brissenden, C. (2006) "*Vancouver: A Pictorial Celebration Including Vancouver Island and Whistler*" Sterling Publishing, 160p.

Evenden, L.J. (1995) "*Suburb of Happy Homes Burnaby: Centennial Themes*" Simon Fraser University, 192p.

Garber, A., Keyes, J.T.D., and Gannon, L. (1995) "*Exploring Ethnic Vancouver*" Serious Publishing, 254p.

Harcourt, M., Cameron, K., and Rossiter, S. (2007) "*City Making in Paradise: Nine Decisions that Save Vancouver*" Douglas & McIntyre, 220p.

Hayes, D. (2005) "*Historical Atlas of Vancouver and the Lower Fraser Valley*" Douglas & McIntyre, 192p.

Hiebert, D. (1999) 'Imigratione and the Changing Geography of Greater Vancouver' *BC Studies* 121, pp.35-82.

Hutton, T. and Davis, H. (1993) 'Creating a Sustainable Urban Environment: Vancouver's Changing Economic Sturucture'（横浜市立大学・ブリティッシュコロンビア大学共同編集委員会『横浜とバンクーバー』横浜市立大学・ブリティッシュコロンビア大学共同編集委員会、所収），pp.97-123.

Kalman, H., Phillips, R., and Ward R. (1993) "*Exploring Vancouver: the Essential Architectural Guide*" UBC Press, 294p.

船業の展開―和歌山県出身の船大工のライフヒストリーから―」立命館言語文化研究17-1，pp.59-74.
櫻田大造（2003）『誰も知らなかった賢い国カナダ』講談社，219p.
清水雄二（2007）『ロングステイ・バンクーバー　すぐ手が届く、夢暮らし』集英社，239p.
陣内雄二・川上光彦（1995）「カナダにおける高密度高層住宅地の変遷―バンクーバー市ウェストエンド地区を例に―」都市住宅学11，pp.92-97.
陣内雄二・川上光彦（1996）「カナダの中核都市における住宅政策の動向と課題―広域バンクーバー都市圏の事例―」都市住宅学15，pp.223-228.
椿真智子（1998）「多文化社会カナダにおける日系人社会の変容と文化継承―Ethnic文化は存続するか―」東京学芸大学紀要　第3部門49，pp.141-156.
椿真智子（2002）「カナダ・バンクーバー周辺の日系社会と文化継承」地理47-10，pp.30-36.
林　上（1993）「カナダ諸都市におけるまちづくりとデザイン」日本都市学会年報23，pp.227-249.
バンクーバー市都市計画局編、湯川利和・延藤安弘共訳（1988）『居心地のよい集合住宅　子どものための住環境デザイン』鹿島出版会，178p.
山下清海（2000）『チャイナタウン―世界に広がる華人ネットワーク』丸善ブックス，208p.
山下博樹（2007）「バンクーバー都市圏における郊外タウンセンターの開発―リバブルな市街地再整備の成果として―」立命館地理学19，pp.27-42.
ロンリープラネット（2009）『ロンリープラネットの自由旅行シティガイド　バンクーバー』メディアファクトリー，264p.
Anderson, K.J. (1991) “*Vancouver Chinatown: Racial Discourse in Canada, 1875-1980*” McGill-Queen's University Press, 323p.

主要参考文献（初版第１刷までのもの）

生田真人（1999）「カナダにおける大都市圏政府の形成について―バンクーバーの事例から―」立命館地理学11，pp.1-13.

香川貴志（1996）「バンクーバーにおけるウェストコーストエクスプレスの開業」季刊地理学48-2，pp.147-151.

香川貴志（1996-97）「バンクーバー生活誌⑴〜⑿，《各タイトル省略》」地理42-1〜42-10，42-12，43-1，各回の掲載ページ数は省略（全て４ページ構成）。

香川貴志（1998）「住宅形態を介した文化摩擦―バンクーバーにみるモンスターハウスとツリーウォーズ―」地理科学53-3，pp.174-180.

香川貴志（2000）「都心周辺部における住宅立地―バンクーバー市ウェストエンド地区の事例―」季刊地理学52-1，pp.35-47.

香川貴志（2003）「バンクーバーとその周辺における中国語言語集団とパンジャビ語言語集団の分布パターンの変化」カナダ研究年報23，pp.101-107.

香川貴志（2004）「バンクーバー CMA 主要地域における近年の人口変化と住宅開発―1991，1996，2001年センサスを活用して―」立命館地理学16，pp.1-18.

香川貴志（2009a）「世界屈指の暮らしやすさの秘密―バンクーバーの住宅地の景観―」（阿部和俊編『都市の景観地理　イギリス・北アメリカ・オーストラリア編』古今書院，所収）。

香川貴志（2009b）「バンクーバー―その素顔と魅力―」地理54-11，pp.14-27.

香川貴志・山下博樹（1998）「バンクーバー市ウェストブロードウェイにおける在来型商業地の存立基盤」地理学評論71(A)-7，pp.515-527.

河原典史（2005）「第二次世界大戦以前のカナダ西岸における日系造

おわりに

最初は不安の中で始めた異国での生活を終える一九九六年の夏、私や妻が「必ずここに戻ってくる」との決意を固めるほど、バンクーバーは我われに素晴らしい思い出を与えてくれた。我われのバンクーバーでの経験は、偶然ながら現地で第一子が誕生するという巡り合わせもあって、通常の仕事での赴任とは随分と異なるものであったと思う。仕事をするのは当然であったが、それ以上に「安心して健康に生活する」というのが大切であった。医療保険への加入手続き、ホームドクター探し、定期健診の予約など、面倒なことも多かったが、それらを「貴重な経験だから楽しもう」というふうに切り替えた。実際、日本での出産前の「母親教室」に当たるものは夫婦揃っての出席が当然のように求められたし、そこに集った全員が自己紹介するのも面白かった。私は「英語が得意じゃないので、今日はこのようにして皆さんと会話しながら、私の英語を改善していこうと思っています」と話して、全員から大きな拍手を浴びた。こうした街で初めての出産を迎えられることが、妻にも私にも大変な楽しみになった。

今は亡き私の父、同じく今は亡き義父母も、我われがバンクーバーで暮らしていた頃は揃って健在で、私たち夫婦には楽しいことが一杯で心配事もほとんど無かった。だから、バンクーバーの印象が一層素晴らしいものになっているのかもしれない。私の両親は、思い立ってバンクーバーに来た。当然ながら初孫に少しでも早く会いたいという気持ちに背中を押されたからだろう。父は、片時もベビーカーから手を離さず、母にも私にも妻にも「ここは俺が押すから…」と言い張った。それは、今も健在な母（その後、母は二〇一五年二月に他界した）がしばしば話すバンクーバーでの懐かしい思い出である。義母は、海外旅行を敬遠した義父を日本に残して、帰国時に手伝いに来てくれた。僅か一週間の滞在であったが、揃って出掛けたビクトリア郊外のブッチャートガーデンで撮った楽しそうな義母の顔は、今は仏壇の傍らの写真になっている。

このような肉親との思い出の核になっているのは、現地で生まれた長男である。彼が生まれた朝、前日の早朝から徹夜で陣痛や出産に立ち会った私は、眩暈がするほどの疲労（妻は一層疲れたであろうが）を感じ、「ちょっとだけ家に帰って寝て来るワ」と言って病院（BC Women's Hospital）からバンクーバーのキツラノにある自宅に戻った。その早朝の風景を私は今も鮮明に憶えている。かすかな朝霧はあったが、明らかに晴天となる朝の空気の気配を感じ、私は寒いのに車の窓を少し開けて外気を吸った。かすかに森林の香りがした。その清冽な空気によって、私は父親になった喜びよりも、父親になった責任の重さを実感した。その後も、バンクーバーを訪れる度に、いくら忙しくても長男が誕生した病院を訪ねることにしている。そうすると、いつも気持ちが新しくなって、嫌なことに挑もうとする気持ち、難しいこともできそうな気持ちが湧いてくるからである。

現地での長男の出産で主治医を務めてくださったホームドクターの女医さんは、その後に診療所を閉鎖されたので、いつしか音信不通になってしまった。ただ、他の方々とは今でも親しい交際を続けている。私の在外研究で快く受け皿になってくださったUBCのエジントン先生のご自宅には、ほぼ訪問する度に招いていただいているし、UBCの学生や院生の一行が日本に来た時には私が京都を案内するのが慣例になっている。ホームドクターを紹介してくださったハンフリーさん御一家にも再訪した際に何度かお邪魔した。妻の友人から紹介されて知り合ったジェトロ勤務の日系カナダ人のオヤマさんには頻繁に有益な助言をいただいている。彼女とも家族ぐるみの付き合いである。

そして、我われが暮らしていたキツラノの家では、大家さんのメレット御一家がいつも満面の笑みで迎えてくださる。我われが行くばかりで一方通行だが、お互いの家族のこともよく分かり合っている。奥様は私の父が亡くなったことを話した時に泣いてくださり、私は彼女の父親の死を聞いて涙を流した。ご主人は、我われがバンクーバーから帰国した日は大雨だったこと、自動車のトランクに納まりきらない荷物を一緒にロープで縛ったことを、今でも懐かしんで話してくださる。まだ生まれて間もない長男を見ようと遊びに来てくれた、当時二歳だった娘さんは、二〇〇八年の夏、中学生同士になった長男と恥ずかしそうに再会した。まだ英語では自己紹介しかできない長男には、せめて彼女と「近頃どう？」から話が上手く展開できるようになって欲しいものだ。

このようにしてバンクーバーは、私にとって故郷のような存在になっている。これまでにも何編かの学術論文、単発的な数々のエッセーは書き残してきた。しかし、それらは雑誌やリーフレットの一部であるし、何とか読みやすい一冊の本にしてまとめてみたかった。そんな折、平成二〇（二〇〇八）年度に福武文化学術振興財団の地理学・歴史学研究助成（課題名「2010年冬季オリンピック開催都市バンクーバーにおける生活関連機能の文化的背景と開発経緯の地理学的研究」）に採択していただけた。また、別途採択していただいた日本学術振興会の平成二〇～二三年度科学研究費補助金（基盤研究(C)、課題番号：20520683、研究代表者：香川貴志）「都市成熟時代における住宅地の環境変化―持続的発展に向けた地理学からの施策提言―」の調査内容も本書の執筆に役立った。これらの恩に深く感謝している私にとって、バンクーバーの本を作ることは責務になった。自己の本来の研究を専門書に著す前にする仕事ではないのかもしれないが、私は何とか冬季オリンピックに間に合わせるべく今日に至った。

書き慣れないスタイルの文章なので、私にとって最初は学術論文を書くよりも随分と難しかった。部分的には硬くて読み辛い箇所が残っているかもしれない。また、資料や文献読み込みが浅く、幾人もおられる私よりバンクーバーを知り尽くしている方々からはお叱りを受ける部分も多々あるだろう。

それゆえに、せめて少しは分かりやすく専門的な内容を盛り込むように努めた。研究者としての感性があってこその内容も少しは織り込んだつもりである。今日では、情報社会に相応しく世界中のあらゆる場所の資料がパソコンで入手できるし、翻訳ソフトも豊富に出回っているので、知識の面でプロフェッショナルとアマチュアの境界線が引き難くなっている。プロフェッショナルが資料の紹介をしているだけでは恥ずかしいし、私はそうならないよう自己研鑽に励んでいきたい。分かりやすく専門的な内容を語るのは教育に携わる者の義務なので、その礎石として本書を位置付けておきたい。

二〇〇九年九月　バンクーバーの文献や地図に囲まれた木津川市の自宅書斎にて

香川貴志

■著者略歴
香川貴志（かがわ・たかし）
1960年　香川県丸亀市生まれ。
1989年　立命館大学大学院文学研究科地理学専攻博士課程後期課程単位取得退学。
現　在　京都教育大学教育学部教授。人文地理学・都市地理学。
著　書　『変わりゆく日本の大都市圏—ポスト成長社会における都市のかたち—』（共編著、ナカニシヤ出版）、『都市構造と都市政策』（分担執筆、古今書院）、『よくわかる都市地理学』（分担執筆、ミネルヴァ書房）、『よみがえる神戸—危機と復興契機の地理的不均衡—』（共訳、海青社）、『ジオ・パルNEO—地理学・地域調査便利帖—』（共編著、海青社）、『日本の都市地理学50年』（分担執筆、古今書院）、『京都地図絵巻』（共編著、古今書院）、『人間活動と環境変化』（分担執筆、古今書院）など。

【叢書・地球発見14】
バンクーバーはなぜ世界一住みやすい都市なのか

2010年 2月12日　初版第1刷発行
2016年12月 1日　初版第7刷発行
（定価はカバーに表示しています）

著　者　香　川　貴　志
発行者　中　西　健　夫

発行所　株式会社　ナカニシヤ出版
〒606-8161　京都市左京区一乗寺木ノ本町15
TEL（075）723-0111
FAX（075）723-0095
http://www.nakanishiya.co.jp/

印刷／製本・太洋社

ISBN978-4-7795-0014-5　C0325

叢書　地球発見

企画委員　千田　稔　山野正彦　金田章裕

1. 地球儀の社会史 ―愛しくも、物憂げな球体―　千田　稔　一九二頁　一七〇〇円
2. 東南アジアの魚とる人びと　田和正孝　二一二頁　一八〇〇円
3. 『ニルス』に学ぶ地理教育 ―環境社会スウェーデンの原点―　村山朝子　一七六頁　一七〇〇円
4. 世界の屋根に登った人びと　酒井敏明　二一二頁　一八〇〇円
5. インド・いちば・フィールドワーク ―カースト社会のウラオモテ―　溝口常俊　二〇〇頁　一八〇〇円
6. デジタル地図を読む　矢野桂司　一五八頁　一九〇〇円
7. 近代ツーリズムと温泉　関戸明子　二〇八頁　一九〇〇円

8 東アジア都城紀行　高橋誠一　二三四頁　一八〇〇円

9 子どもたちへの開発教育
——世界のリアルをどう教えるか——　西岡尚也　一六〇頁　一七〇〇円

10 世界を見せた明治の写真帳　三木理史　一九八頁　一九〇〇円

11 生きもの秘境のたび
——地球上いたるところにロマンあり——　高橋春成　一六八頁　一八〇〇円

12 日本海はどう出来たか　能田　成　二一四頁　一九〇〇円

13 韓国・伝統文化のたび　岩鼻通明　一六五頁　二〇〇〇円

14 バンクーバーはなぜ世界一住みやすい都市なのか　香川貴志　二〇八頁　一八〇〇円

15 タウンシップ
——土地計画の伝播と変容——　金田章裕　二三八頁　二〇〇〇円

●以下続刊——　各巻　四六判並製・価格は税抜きです。